주홍 코드

- 성경 속 여인들과 나눈 대화 -

Lindsay Hardin Freeman *and* Karen N. Canton

백 지 숙 · 윤 진 숙 옮김

탑북스

차례

주안에서 동역자인 여러분께

저는 이 책이 한국어로 번역되는 과정을 지켜보며 무척 기뻤습니다. 아마 이 책의 주인공인 열두 명의 믿음의 여인들 또한 저의 기쁨에 동참하리라 믿습니다.

믿음이 충만했던 이 여인들은 늘 어디론가 움직이며 살았습니다. 사라와 그의 남편 아브라함은 약속의 땅을 향해 수 백 마일을 이동해야 했습니다. 과부였던 나오미와 룻도 모래 바람이 거칠게 부는 험난하고 긴 광야 길을 건넌 후에야 나오미의 고향인 베들레헴에 도착했습니다. 그로부터 오랜 세월이 지난 후에 아기 예수를 잉태한 마리아도 이 곳 베들레헴을 향한 여행길에 올랐고, 막달라 마리아 역시 첫 부활절 새벽녘에 그녀의 위대한 스승이자 지극히 사랑했던 친구 예수님께 마지막 작별인사를 하려고 급히 발걸음을 옮겨야 했습니다.

하나님 안에서 시간과 공간, 그리고 문화의 차이를 배제하고 인생을 바라보면, 우리 모두가 어딘가를 향해 나아가고 있다는 사실을 새삼스레 느끼게 됩니다. 아마도 믿음의 세계로 더 깊이, 그리고 하나님이 원하시는 진짜 우리의 모습을 향해 가고 있는 중이겠지요. 이제 이 책에 담긴 메시지가 번역이 되어 수 천 마일이나 되는 여정을 시작하려고 합니다. 이 일을 가능하게 해 주신 백지숙 박사님과 윤진숙 박사님의 열정과 헌신에 깊이 감사드립니다. 아울러 한국 독자 여러분들께도 깊이 감사드리고, 이 공동 작업을 가능케 해주신 하나님께 감사와 영광을 올립니다.

축복합니다.

린지 하딩 프리만 목사 드림

서평

저자 린지 목사는 여성으로서 이 책을 통해 우리가 성경에 나오는 여인들의 삶 중심에 서도록 인도한다. 이러한 시도가 과히 파격적인 이유는 아마 수 세기 동안 남성들이 성경을 가르쳐왔기 때문일 것이다. 이러한 면에서 이 책은 우리가 성경을 새롭게 볼 수 있는 관점을 제시해 준다. 여기에 나오는 인물들은 매우 실제적이고 놀랄 만큼 인간적이며 굉장히 친밀하다. 조금도 꾸미거나 과장을 하지도 않았다. 이 책이 성경을 연구하는데 새로운 즐거움을 더해 주리라 본다.

캐논 루이스 슈딕 (크리스찬 미디아 앤 데이 협회 회장 및 목사)

콩고와 수단의 다르푸르, 그리고 아프가니스탄과 파키스탄에 사는 여인들, 아니 전 세계 곳곳에 흩어져 사는 여인들 중 많은 이들이 오늘도 고통과 어려움 속에서도 신앙을 꿋꿋이 지키며 살고 있다. 이러한 점에서 볼 때 성경 속에 나오는 여인들 역시 어려운 삶 속에서 믿음을 지키며 살았고 그로 인해 하나님의 구원을 맛보았다는 이 책의 메시지는 오늘날 어려움 가운데 믿음으로 살아가는 여인들에게 따뜻한 위로와 희망이 되리라 본다. 이 책이 읽는 이의 마음을 따뜻하게 해 줄 뿐만 아니라, 하나님으로 인해 인간에게는 언제나 가능성이 있고 또 이 세상에는 정의가 있다는 메시지가 확실히 전달되기를 바란다.

바바라 포스터 (UN 탠덤 프로젝트 총괄이사 (전), 미국 난민 위원회 회장)

성경에서 여인들이 차지하는 위치는 매우 중요하지만 그들의 이야기는 이제까지 주로 남성들의 시각에서 다루어졌다. 여성으로서 린지 목사는 성경에 나오는 열 두 여인들이 자기만의 목소리로 이야기 하도록 함으로써 이들의 삶에 생명을 가득 불어넣었다. 이를 통해 우리가 전에는 간과했던 성경의 내용을 다시금 고찰하도록 도와준다.

리차드 슈미트 (포워드 무브먼트 출판사 편집장 및 이사)

린지 목사의 책은 믿음 안에 거하는 많은 자매들에게 상상력 넘치는 풍성한 선물로 다가갈 것이다.

메리 프란세스 쇤베르그 목사 (성공회 보도국 특파원)

신학 속에는 불편한 진실이 숨어있는데, 그것은 거의 모든 신학 관련 저서들을 남성들이 기록했다는 점이다. 린지목사의 책에는 우리 남성 신학자들이 간과했거나 그냥 지나쳐버린 이야기들을 담고 있다. 이 책에서는 마음과 감정의 흐름에 대해 매우 개인적이면서도 깊은 고찰이 담긴 이야기들을 통해, 우리에게 매우 익숙한 성경 속 인물들이 어떻게 믿음의 싸움을 싸워 나갔는지 들여다 볼 수 있게 도와준다.

로렌 미드 (알반 인스티튜트 설립자)

아주 보기 드문 보석 같은 책이다. 진부하고 우리의 기분만 달래주는 신앙 서적들이 흔한 요즈음, 린지 목사는 성경에 나오는 여인들의 이야기를 진솔하게 들려줌으로써, 남녀 독자 모두 이야기 속으로 빠져들게 할 뿐만 아니라 이 이야기가 담고 있는 메시지를 통해 마음이 새롭게 되도록 도와준다. 이 책은 엇나가버린 희망과 그로인한 분노, 그리고 왜곡된 고통 등의 다양한 감정을 잘 묘사하고 있다. 적극 추천하는 책이다.

스펜서 심릴 (성 마가 대성당 주임 사제)

헐리우드 영화, 브로드웨이 연극, 뉴스 미디어, 학교 심지어 교회에서까지 성경에 나오는 여인들의 이야기를 일차원적으로만 다루는 데에 대해 실망하거나 분노를 느껴 본 사람이라면 린지 목사가 쓴 이 책에 대해 매우 흥분할 것이다.

사라 바르텐슈타인 (버지니아 스데반 성공회 커뮤니케이션 이사)

이 책은 우리에게 매우 필요한 책이다. 이 책을 읽는 사람들 모두가 성경에 나오는 여인들이 담당했던 중요한 역할에 대해 배울 뿐 아니라 지난 수세기 동안 기독교가 성장하고, 하나님의 역사가 이루어지는데 있어서 여성들이 얼마나 중요한 역할을 해 왔는지 깊이 생각해 볼 수 있을 것이다. 그리고 성경 속에 나오는 이 독특하고 흥미로운 여인들에 대해 읽는 동안, 우리는 자연스럽게 자신의 삶과 이야기를 생각해 보게 될 것이다.

페기 터틀 (예수회 연합교회 (CUIC) 소속 목사)

이 책은 일반 대중뿐 아니라 신학생 및 신학자들까지도 성경에 나오는 여인들을 바르게 이해할 수 있게 도와주는 유익한 책이다. 이 책은 읽기가 매우 쉬울 뿐만 아니라, 인생의 희로애락을 겪는 성경 속의 여인들의 삶의 모습을 있는 그대로 꾸밈없이 묘사함으로써, 오늘날을 살아가는 신앙인들이 동질감을 느끼며 이들의 믿음에 대해 배울 수 있을 것이다.

쉐릴 쿠자와 홀브룩 교수 (클레몬트 신학대학 종교학과 교수)

이 책은 단지 성경에 나오는 믿음의 영웅들의 이야기를 엮어 놓은 책이 아니라 마치 영화를 보는 것 같은 느낌이 들게 한다. 캔턴이 그린 생생한 초상화와 린지목사의 대담하고도 선명한 문체가 너무 오랫동안 구석에 갇혀있던 성경 속 여인들을 생생하게 조명한다. 이 책은 세월이 흘러도 변치 않는 성경 속 여인들의 이야기를 통해 현대 여성들로 하여금 새로운 영감과 힘 그리고 무엇보다 자기 자신을 발견할 수 있도록 도와준다.

팸 그러스만 (판타스마필닷컴 큐레이터)

기생 라합, 여전사 드보라는 어떤 생각을 했을까? 예수님의 어머니가 된다는 것은 어떤 기분이었을까? 이 책을 통해 이러한 궁금증에 대해 답을 얻을 수 있어서 기쁠 것이다.

웨인 슈와브 (멤버미션 네트워크 이사)

린지 목사는 이 책에서 놀랍고도 강력한 필체로 성경 속 인물들에 생명을 불어 넣었다. 이 여인들은 더 이상 단순히 성경에 등장하는 인물이 아니라 중요한 이야기를 전달하는 사람들이다. 이 책을 접하는 모든 이들이 성경을 더 깊고 풍성하게 이해하게 되리라 믿는다.

노엘 베일리 (성바오로 성공회 교구 목사)

일인칭 화법으로 전하는 흥미진진한 이야기와 더불어 여인들의 강렬한 초상화는 이야기를 좋아하며 성경을 새롭게 이해하기를 바라는 하나님의 자녀들 모두에게 신선한 영감을 불러일으킬 것이다.

록샌 에젤 (칼빈 장로교회 목사)

나는 이 책이 어떻게 나오게 되었는지 매우 궁금하다. 흥미진진한 이야기와 멋진 그림으로 가득한 이 책은 많은 사람들에게 감동을 선사할 것이다.

조지아 위스터 (캘리포니아 불레튼 장로교회)

생생하고 눈을 뗄 수 없는 이야기로 가득 찬 보석 같은 책이다. 이 이야기들은 우리 삶의 어두운 곳을 환히 비쳐주고 우리가 인생의 의미에 대해 생각하도록 할 것이다.

바바라 브레이버 (작가, 편집자)

이 책을 읽는 동안 내 영혼이 깨어나는 느낌을 받았다. 드보라부터 마리아까지 그들이 보여준 용기와 열정, 힘과 지도력은 내게 새로운 영감과 희망을 주었다.

카렌 그린펠드 (로마가톨릭 교회 신도)

이 책에서 린지 목사는 자신의 감수성과 타고난 재능으로 성경에 등장하는 여인들의 삶을 새롭게 조망한다. 캔턴의 그림은 상상력이 풍부하며 너무나 아름답다. 두 사람의 영감으로 가득 찬 이 책을 오랫동안 소장하고 음미하며 또 나누고 싶을 뿐이다.

캐논 진 파커 베일 ('하나님의 이름으로: 기도와 설교 속 하나님의 사랑 맛보기'의 저자)

이 책의 이야기들은 우리에게 익숙한 여성들의 이야기를 새로운 통찰력을 가지고 다시 조명하게 함으로써 여성에 대해 다시 생각해 보도록 한다. 캔턴이 그린 눈부신 그림들과 린지 목사가 써 내려가는 여성들의 매우 사적인 이야기는 남성을 중심으로 하는 이야기가 지배적인 현실 속에서 여성의 존재가 역사적으로 중요한 위치를 차지한다는 사실을 다시 확인해 준다.

마크 더피 (성공회 자료 보관소 관장)

마치 우리의 이웃이나 친구처럼, 자신이 경험했던 의심과 두려움, 믿음에 대해 이야기를 해주는 이 여인들을 통해 우리는 새 힘을 얻을 수 있을 것이다. 또한 오늘날 우리가 당면한 문제를 과감히 맞설 수 있는 힘을 얻을 수 있을 것이다.

캐롤 반웰 (텍사스 교구 커뮤니케이션 이사)

이 책이 내 영혼에게 말을 걸었다. 이 책을 통해 성경 속에 나오는 인물들이 단순한 '이름'에서 실존했던 사람으로 살아나는 것을 느꼈다. 아주 뛰어난 책이다.

베티 줄크 (성마가 교회 성도)

추천사

이 책은 성경 속 여인들의 이야기를 깊은 통찰력과 상상력으로 그려내어 독자들로 하여금 이야기 속에 푹 빠져들게 하는 매력이 있다. 성경 속 여인들의 목소리를 통해 사건배경, 인물의 성격 및 심리상태를 내러티브 형식의 문학적인 문체로 섬세하게 묘사하고 있다. 각 이야기가 마치 한 폭의 그림을 보듯 느껴지는데, 성경 속 여인들을 통한 하나님의 역사를 더 깊이 이해할 수 있도록 하는 좋은 책이라 꼭 추천하고 싶다.

김은현 (서울신학대학교 영어과 교수)

성경 속에는 많은 여성들이 등장합니다. 죄인의 조상 하와부터 초대교회를 힘있게 도왔던 마리아, 요안나, 수산나에 이르기까지. 이들 각자의 삶과 행위에 대한 성경의 조명을 통하여, 저도 여자로 태어나 사모로 아내로 어머니로서의 사명을 발견하고 다시금 결단하게 됩니다. 이 책을 통해 성경이 더 가깝게 느껴지고 읽고 싶어지며, 성경의 인물들이 삶의 현장에 적용되는 변화를 일으키는 책이 되길 기도합니다.

최소정 (다음세대교회 사모)

추천사

저자는 진짜 스토리텔러인 것 같다. 스토리의 강력한 힘을 느끼면서 순식간에 책을 읽게 하는 저자의 내공을 느끼게 하는 책이다. 자간 속에서 저자의 상상력과 필치가 단연 돋보이고, 이 책은 성경안에서 살아있는 여인들과 실제로 대화하면서 상대방의 체취를 느끼게 하는 마력이 있다. 또한 상상력을 통해 성경을 더 이해하게 하는 통찰력이 있고, 매우 강한 매력은 하나님 나라에서 주인공들과 만남을 통해 하나님의 뜻을 알게 되는 것이었다. 그러므로 다른 많은 사람들에게 꼭 추천하고 싶다.

김정수 (온누리교회 목사)

이 책은 남성의 시각에서 바라본 성경 이야기를 여성의 입장에서 조명한 것에 의의가 있다. 특히 여성들의 지위가 향상되고 여성들의 사회참여와 리더십이 확대되는 시기에, 성경에 나오는 여인들의 삶을 자간을 통해 읽는 일은 신선하고 흥미로운 일이 될 것이다. 자, 이제 상상력을 동원하여 그 시대 그 여인들을 만나보자.

조은식 (숭실대학교 베어드학부대학 교수 / 교목)

내 인생의 가장 소중한 사람인 렌과 내 두 아들 제프리와 데이빗, 그리고 나에게 기쁨을 주는 이들 모두에게 이 책을 바칩니다.

린지 하딩 프리만

이 모든 일을 이룰 수 있도록 지치지 않고 열심히 도와준 사랑하는 내 남편에게 이 책을 바칩니다.

캐렌 캔턴

이 책에 나오는 성경 구절들은 달리 명시가 되지 않은 경우 뉴 옥스퍼드 주석 성경, 신 개정 표준 성경 에서 인용하였음. 그리고 아가서 부분은 메시지 성경에서 인용함.

성경에 나오는 역사를 바꾼 여인들에게 어울리는 표현들

대담한
자신감이 있는
열정적인
새로움을 추구하는
능동적인
도전적인
집중하는
안주하지 않는
끈질긴
생기가 넘치는

이들에게 어울리지 않는 표현들

수동적인
현실에 만족하는
남성보다 열등한
소극적인
자신을 드러내지 않는
연약한
쉽게 만족하는
평범한
체면을 중시하는
남을 쉽게 따르는

저자 서문

이 책은 제가 분주한 일상을 시작하기 전 주님과 조용히 시간을 보내면서 쓰게 되었습니다. 이 책에서 소개하는 하나님이 선택한 열 두 여인들의 삶을 묵상하면서 실로 저는 하나님과 깊이 만나는 시간을 보냈습니다. 이 여인들은 무엇보다 하나님께 사랑 받는 하나님의 백성이었고, 성령 하나님을 체험한 사람들이었습니다. 그리고 이들은 하나님께 응답을 받을 때까지 하나님을 찾고 구하는 믿음의 사람들이었으며, 비록 하나님께서 그들이 기대하거나 바라는 대로 응답하지 않는 경우에도 그랬습니다.

저는 하나님 앞에 나아와 조용히 묵상하는 시간이 소중하다는 사실을 어머니 덕분에 알게 되었습니다. 저의 어머니는 제가 다섯 살 때 (그때 어머니는 47세였는데) 호지킨 림프종 진단을 받았고 의사는 앞으로 살 수 있는 시간이 6개월 정도 밖에 안 된다고 했습니다. 이러한 사실을 알고 나서부터 어머니는 매일 새벽에 일어나셔서 당시 미네소타주, 엘셀시어에 있던 제 가족이 살던 오래된 농가의 다락방에서 무릎을 꿇으시고 20분씩 기도하셨습니다. 그 모습이 지금도 제게 생생합니다. 그 당시 저는 어머니가 기도하시는 모습을 종종 훔쳐보곤 했는데, 어머니는 홀로 조용히 기도하고 계셨지만 저는 어머니가 누군가와 대화를 하고 계시다는 것을 분명히 느낄 수 있었습니다. 그 당시 어머니의 얼굴은 무척 고통스러워보였는데 아마 몸이 많이 아파서 그렇게 괴로우셨으리라 생각합니다. 하지만 한 가지 분명한 사실은 어머니가 그 고통 중에서도 혼자 계시지 않았고, 누군가 어머니와 함께 그곳에 계셨으며, 이로 인해 그 조그만 다락방은 지극히 성스러운 장소가 되었다는 것입니다.

그 당시 어머니는 저에게 당신이 암에 걸리셨다는 사실이나, 죽음이 임박했다는 사실에 대해 한 말씀도 하지 않으셨습니다. 아마 어린 아이가 감당하기에는 너무나 충격적인 사실이라고 생각하셨기 때문이었겠지요. 하지만 어머니가 자신의 상태에 대해서 왜 침묵 하실 수밖에 없었는지, 지금은 좀 더 잘 이해할 수 있습니다. 어머니는 어렸던 제가 다가올 이별 때문에 겪게 될 충격과 상실감을 감당할 수 있도록 어떻게 도와야 할지 고민하셨을 것이고, 또한 어머니 스스로도 자신의 유일한 피난처요 안식처였던 가족에게 어떻게 작별인사를 해야 할 지 잘 모르셨을 거라는 생각이 듭니다.

사실 6개월 선고를 받으신 어머니는 그 이후로 6년을 더 사셨습니다. 이 기간 동안 어머니는 삶과 죽음에 대해 많이 생각하셨을 것이고, 또 사랑하는 가족을 하나님의 손에 맡기고 우리와 작별할 수 있는 용기도 갖게 되셨을 것입니다. 이 기간 동안 어머니는 유달리 행복해 하셨는데, 이는 하나님이 베푸신 치유의 은혜 덕분이며, 아울러 어머니가 기도를 통해 모든 것을 내려놓으실 수 있었기 때문에 가능했다고 생각합니다.

저는 저의 어머니나 이 책에 소개되는 여인들뿐 아니라 이 땅에 사는 여자들 모두가 자신만의 생각과 열정을 품고 살아간다고 생각합니다. 하지만 이들의 생각과 열정이 세상에, 아니 심지어 자신이 사랑하는 사람들에게조차 제대로 전해지지 않는 경우가 많습니다. 이렇듯 묻히기도 쉽고 지극히 사적이기도 한 여인들의 마음을 들여다보기 위해 이 책은 1인칭 시각을 사용하여 이들이 삶의 위기의 순간에 무언가를 선택하고 결단하는 과정에서 가졌을 법한 여러 생각과 감정을 상상해 보려고 합니다.

저는 언젠가 하나님께 선택 받은 여인들이 한 방 가득 함께 모여 앉을 때가 오면, 우물가에서 예수님을 만난 여인과 이야기를 나누는 즐거운 상상을 합니다. 또 하나님이 만드신 첫 번째 여인 하와가 왜 하나님의 명령을 어겼는지 그 진짜 속내를 직접 들어보기를 기대합니다. 예수님의 어머니인 마리아를 둘러싼 그 무수한 이야기들이 진짜인지 아닌지도 그 날에는 알게 되겠지요. 아마도 대부분은 진짜이겠지만요.

언젠가 올 날만을 마냥 기다리지 않아도 실은 이 책의 주인공들이 지금도 저희와 함께 한다고 생각합니다. 이 여인들의 결단과 성품이 하나님을 따르고 영적 진리를 추구하는 많은 성도들의 삶에 수세기 동안 영향을 끼쳤으니까요. 그리고 이 책에서 소개한 여인들뿐만 아니라, 우리가 사랑했고 또 하나님을 사랑한 무수한 어머니들과 딸들, 이제 눈물을 모두 씻어내고 역사를 넘어 영원히 하나님의 나라로 들어간 이들 역시 우리의 삶에 지대한 영향을 끼쳤다고 생각합니다.

마지막으로 저는 독자 여러분 모두가 저의 어머니처럼 이른 새벽에 하나님 앞으로 나와 그분과 독대하며 하나님을 만나는 경험을 깊이 하시기를 바랍니다. 그래서 여러분 모두가 이 책에 나오는 열 두 여인들처럼 자신의 삶을 열정으로 가득 채우며, 자녀들에게 깊은 영감을 줄 뿐 아니라, 인류의 역사를 변화시키는 삶의 주인공이 되시기를 기원합니다.

린지 하딩 프리만 드림

역자 서문

이 책『주홍 코드』(Scarlet Cord)를 번역하면서 N. 호돈의 소설『주홍글씨』(Scarlet Letter)를 생각했습니다. 죄를 범한 결과 평생 수치의 상징인 주홍글씨를 붙이고 살아야 했던 한 여인의 이야기 말입니다. 이와 정반대로 이 책에서 소개하는『주홍 코드』(Scarlet Cord)는 구원, 치유 그리고 회복을 가져다주는 그리스도의 핏빛 사랑을 상징합니다. 삶의 절대 절명의 위기 속에서도 믿음을 가지고 구원의 주홍코드를 단단히 붙잡아 구원과 승리를 이루어낸 성경 속 여인들의 이야기를 통해 인간의 정의는 정죄와 죽음으로 향하지만 하나님의 의는 생명을 살리는 은혜의 길로 향하고 있다는 사실을 다시금 깨닫게 됩니다. 이 여인들이 삶의 여정에서 충분히 느꼈을 법한 여러 가지 감정과 갈등을 여성 특유의 섬세한 필체로 써 내려간 이 책을 번역하면서 부족한 문필로 이러한 의도를 잘 전달할 수 있을지 의구심이 들고 자신감을 잃을 때도 있었습니다. 하지만 이 책을 번역하는 과정에서 하나님이 부어주시는 신실한 은혜를 새롭게 경험했고, 이 책이 오늘날 자신의 삶에도 주홍코드가 있기를 간절히 바라고 구하는 많은 사람들에게 희망과 위로를 주는 메시지가 되기를 간절히 바라게 되었습니다. 아무쪼록 이 책을 읽는 분들 모두, 이 책에 소개된 성경 속 여인들의 이야기를 통해 진정한 사랑과 용기를 체험하며, 각자 삶의 자리에서 자신만의 주홍코드 이야기를 멋지게 써 나가시기를 소망합니다. 아울러 이 책이 잘 번역되어 나오도록 귀한 조언을 아끼지 않으시며 수고하고 도와주신 많은 분들께 심심한 감사 인사를 드립니다.

마지막으로 이 책을 번역하는 동안 힘이 되어 준 말씀 한 구절을 나누려 합니다.

"다시는 너를 '버림받은 여인'이라 부르지 않고 네 땅을 '쓸쓸한 여인'이라고 부르지 않을 것이다. 오직 너를 '하나님이 좋아하는 여인'이라고 부르고, 네 땅을 '결혼한 여인'이라고 부를 것이다."

(이사야서 62장 4절)

역 자 드림

Introduction
서론

이 책의 첫 장을 여는 성경 속 여인은 기생 라합입니다. 라합은 훗날 다윗 왕의 조상이 되었을 뿐만 아니라 예수님의 족보에 속한 여인입니다. 어떻게 그녀가 성경에 기록되고 심지어 왕족의 계보에 들게 되었을까요? 대답은 간단합니다. 그녀는 수 십만의 이스라엘 백성이 애굽을 탈출하면서 시작된 노예 해방이라는 역사적 여정을 완성할 수 있도록 도움을 주었고, 이로 인해 유대 기독교 전통의 기초를 세우는 일에 많은 사람들과 더불어 일조를 했기 때문입니다.

이 책에 소개된 라합의 그림에서 그녀의 손을 주목해보세요. 그 손에는 주홍색 끈을 들고 있습니다. 라합은 유대인 첩자들을 구해주고 그 대가로 나중에 유대인들이 여리고 성을 진멸하러 오는 바로 그 날, 자신을 구원해 주겠다는 약속을 받았습니다. 그리고 창문 밖에 구원의 징표인 주홍색 끈을 내걸었습니다. 이 주홍색 끈은 이 책에 나오는 여인들의 그림에 모두 나오며 이것은 서로를 연결해 주는 역할을 합니다. 이 열 두 여인들은 서로 다른 시대와 역사 속에 살았지만, 인생을 살면서 심각한 위기에 직면 했고 때로는 절대 극복할 수 없는 문제처럼 보일 정도로 커다란 위기 속에서, 믿음으로 담대하게 반응함으로 자신의 삶뿐만 아니라 기독교 역사에도 새로운 획을 그었다는 공통점이 있습니다.

이 여인들의 삶을 살펴보면 대부분 사랑과 희생을 바탕으로 중요한 결정을 내렸지만 그들의 행동이 늘 이타적이거나 대의를 위한 것은 아니었다는 사실을 볼 수 있습니다. 호기심과 자기 만족을 위해 금지된 열매를 따 먹은 여인도 있었고 그저 사랑하는 사람을 찾고자 하는 것 외에는 아무런 관심이 없던 여인도 있었습니다. 또 이 여인들 중에는 예수님을 낳은 여인도 있고, 예수님이 십자가에 달리시기 전에 찾아와서 옥합을 깨뜨려 그 분께 붓고 예수님의 마음을 위로해 드린 여인도 있습니다. 이처럼 여인들의 삶은 다양했지만 그들에게서 한 가지 공통점을 발견할 수 있는데 그것은 바로 이 여인들이 자신이 속한 문화와 전통, 그리고 관습의 한계를 뛰어 넘는 결단을 했다는 점입니다. 그리고 이들 덕분에 하나님의 백성인 우리가 오늘날까지 이렇게 존재하고 있다고 생각합니다.

만약 그들이 불순종했더라면?

한 번 생각해 봅시다. 만약 이 책에 나오는 여인들이 하나님의 뜻에 순종하지 않았더라면 세상이 어떻게 달라졌을까요? 만약에 마리아가 천사 가브리엘의 메시지에 순종하지 않았더라면 어떤 일이 일어났을까요? 만일 예수님이 부활하셨을 때 예수님의 무덤가에 아무도 없었다면 어떻게 되었을까요? 예수님의 제자들이 두려움 때문에 예수님의 무덤에 가기를 주저했던 것처럼, 새벽 미명에 자신들의 안전은 아랑곳하지 않은 채 예수님의 무덤가로 나아간 여인들이 없었더라면 어떻게 되었을 까요? 만약 하와가 선악과를 먹지 않고 인간이 지식과 죄에 대해 몰랐더라면 세상은 어떻게 달라졌을까요? 아마 지금쯤 에덴동산은 늘어난 인구에 매우 혼잡한 곳이 되었을지도 모르지요.

이러한 일들이 일어나지 않았더라면 아마 성경의 역사와 인류의 역사가 상당히 달라졌으리라 짐작할 수 있습니다. 그럼에도 불구하고 성경에 나오는 이 열두 여인들의 삶과 행동이, 성경에 등장하는 이백 여 명도 채 안 되는 다른 여인들과 마찬가지로, 그다지 주목을 많이 받지는 못했습니다. 그래서 이 책에서는 성경에 나오는 열 두 여인들과 대화를 나누면서 그들이 살면서 내린 담대한 선택과 결단을 통해 인류와 성경의 역사 속에 감추어진 이야기들을 재조명해 보고자 합니다. 그리고 책의 몇 장에서는 열두 여인과 같은 시대에 살았던 다른 여인들의 이야기도 함께 살펴보려고 합니다.

이 책을 효과적으로 읽으려면?

이 이야기들을 가장 효과적으로 읽는 방법은 무엇일까요?

이를 위해 유대인들이 전통적으로 성경을 읽는 방법을 소개합니다.

유대인들은 성경을 읽을 때 보다 정확하게 성경을 이해하기 위해서 흰 불(white fire)과 검은 불(black fire) 접근법을 사용한다고 합니다. 검은 불 접근법은 그야 말로 조상 대대로 내려오는 말씀 그 자체를 읽는 것을 가리킵니다. 흰 불(white fire) 접근법은 이러한 말씀이 전하는 메시지를 이해하기 위한 접근법입니다. 다시 말해서 성경을 읽을 때 그 속에 담긴 메시지를 더 잘 이해하기 위해 상상력, 지적 능력, 창조력, 그리고 개인의 경험을 활용하는 것입니다.

이 책은 글과 그림을 통해 흰 불 접근법과 검은 불 접근법을 모두 사용하고 있습니다. 다시 말해서 검은 불 접근법에 입각해서 성경 속 이야기들을 육하원칙에 따라 기독교 및 유대교 자료들을 통하여 철저하게 검증 했으며 또 보다 정확한 해석을 하기 위해 여러 종류의 성경 번역본을 사용했습니다. 이렇게 철저하게 성경의 사건을 연구하면서 말씀 속에 드러난 사건들의 빈 부분을 흰 불 접근법으로 자연스럽게 채워가게 되었습니다. 예를 들면 '룻과 나오미가 모압지방에서 베들레헴으로 여행을 하면서 무엇을 먹었을까?' '슬픔을 가득 안고 예수님의 무덤으로 간 막달라 마리아가 무덤이 비었다는 사실을 발견했을 땐 어떤 느낌이 들었을까?'

도대체 하와는 어떻게 뱀의 속임수에 넘어갔을까? 등 성경에 나오지 않는 질문들을 하고 또 그러한 질문에 대한 답을 하는 과정에서 소설적인 세부 묘사를 가미하게 되었는데, 특히 하와가 선악과를 먹게 되는 과정이라든가 아가서에서 솔로몬 왕과 여인들이 만나는 장면, 그리고 예수 그리스도가 십자가에서 죽은 후에 마리아의 삶을 이야기 한 부분에서는 상상력에 근거한 소설적 요소가 가미가 되었습니다.

이와 유사한 소설적 상상력이 이 여인들을 그린 그림에도 잘 나타나는데 이 그림들에는 과거와 현재를 이어주는 공통된 모티브가 담겨 있으며, 아울러 각 여인의 삶과 정신을 보여주는 고유한 특성이 잘 표현되어 있습니다. 각 그림에서 볼 수 있는 주홍색 끈은 이 여인들이 가지고 있는 공통적인 특징, 다시 말해 그들의 믿음, 용기 그리고 결단력을 상징합니다. 이들의 삶과 행동은 성경속의 작은 예화가 아니라 하나님이 이끄시는 인류 역사 전체의 중요한 부분이기 때문에 여태껏 성경 속 남자들이 받아온 관심과 인정 못지않게 이 여인들의 삶을 주목할 충분한 이유가 있습니다.

● 모닥불에 둘러 앉아 추억을 나누는 친구들처럼

기독교인들이 구약이라고 부르는 유대성경은 전통적으로 성경 이야기를 구전 형식으로 전합니다. 이 책은 구약과 신약 성경에 등장하는 여러 인물들이 겪는 사건을 구전, 즉 이야기 형식으로 재조명하는데, 이 중 몇몇 여인들은 그들이 몰랐던 예수님의 존재를 마치 예견하듯이 이야기를 하도록 꾸몄습니다. 그리고 '모든 성도의 교제'(역주: 'the Communion of Saints'라고 불리는 성공회 전통으로 성부와 성자와 성령 안에서 세례 받은 모든 이가 시공을 초월해서 함께 친교를 나누는 의식)에서 영향을 받아 이 책에 등장하는 인물들이 마치 모닥불가에 옹기종기 모여 앉아 서로 자신의 삶에서 가장 잊지 못할 일을 함께 나누는 형식으로 책을 구성하였습니다.

● 역사를 만들어 가는 성경 속 인간의 선택

이 책에 나오는 여인들은 각기 매우 다릅니다. 살인자도 있고 주부도 있으며 여전사도 있고 그냥 평범한 어머니도 있습니다. 하지만 이들 모두 삶의 역경에 부딪혔을 때 용기를 가지고 담대하게 응전했습니다. 어떤 여인도 수줍어하거나 소극적이지 않았습니다. 만약 그들이 결단력을 가지고 움직이지 않았다면 하나님이 쓰시는 인류의 역사도 달라졌을 것입니다. 여기서 제가 신학적으로 좀 무모해 보일 수도 있는 이야기를 하겠습니다. 많은 신학자들은 하나님이 계획하신 일을 완성할 때 굳이 사람이 필요하지 않다고 합니다. 하지만 저는 다르게 생각합니다. 하나님이 쓰시는 인류의 역사를 완성하기 위해 인간의 이야기가 필요합니다. 성경에 드러난 모든 교리가 이미 완성된 교리라고 하더라도 하나님의 백성인 우리들 이야기는 아직 완성되지 않았기 때문입니다. 따라서 우리의 행동과 결단은 오래 전에 살았던 성경 속 여인들의 삶과 결단이 그랬던 것처럼, 내일을 사는 혹은 수천 년 이후에 존재할 많은 사람들에게 영향을 줄 것입니다.

이 책이 소개하는 각각의 이야기와 그 메시지를 이해하고, 자신의 삶과 비교해보며 자신의 삶에서 어떠한 행동과 결단을 내릴지는 독자 여러분의 몫입니다. 혹시 독자들 중에 불임으로 고통 받고 있는 분이 있다면 한나의 이야기를 읽으십시오. 그러면 자신의 짐을 주님의 발 앞에 한층 더 온전히 내려놓을 수 있을 것입니다. 만약 당신이 전장에 있는 군인이라면 드보라의 이야기를 읽으십시오. 그러면 하나님께서 당신을 곁에서 늘 지켜주시고 또 중대한 결정을 내릴 때 잘 인도해 주신다는 것을 더욱 확신할 수 있을 것입니다. 그리고 인생의 막다른 골목에서 어찌할 바를 모르는 독자가 있다면 자유를 쟁취하려는 라합의 용감무쌍한 결단의 모습을 묵상하십시오. 그러면 새 힘을 얻을 수 있을 것입니다.

저는 우리가 이 여인들의 이야기에 동참하면서 빈 무덤가에서 부활하신 예수님을 만난 막달라 마리아 처럼 모두 변화된 삶을 살아가기를 바랍니다. 우리 모두 하나님이 쓰시는 커다란 이야기의 일부라는 사실을 그리고 그 이야기에는 우리 각자가 맡은 역할이 있으며, 우리의 결단과 행동이 이 이야기에 영원히 영향을 미친다는 사실을 잊지 말아야 합니다.

저는 성경 속의 여인들의 이야기가 실재이며, 그들의 믿음에 근거한 행동과 결단이 자신의 삶과 미래를 송두리째 변화시켰고 이것이 또한 유대교와 기독교 역사에서 중요한 역할을 했다는 사실을 믿어 의심치 않습니다. 이 성경 속 여인들의 이야기가 언제나 우리에게 새로운 용기와 기쁨을 가져다주기를 간절히 소망합니다.

첫 번째 이야기

라합

라합

이 인물의 특성을 드러내는 표현들

- 결단력
- 담대함
- 즉흥성
- 감각성
- 신실함

관련 성경 구절 : 여호수아 2장, 6장
배경 : 기원전 1250년 경 여리고
이야기의 중요성 :

기생 라합은 자신의 삶에 닥칠지 모르는 위험을 무릅쓰고 히브리인 첩자 두 명을 숨겨준다. 이로 인해 언약 백성인 히브리인들은 하나님이 주신 약속의 땅 가나안에 들어가 하나님이 약속하신 나라의 기초를 다지게 된다.

라합_ 여리고의 매춘부, 영웅이 되다

쾅 쾅 쾅 누군가 다급하게 문을 두드리는 소리가 지붕 위까지 들려왔습니다. 하지만 저는 손님 맞을 준비를 서두르지 않았습니다. 이번 주는 너무 바빴고 저는 이미 지칠 대로 지쳤기 때문입니다. 게다가 이 곳 지붕 밑 다락방은 이 집에서 제가 아무런 걱정 없이 마음껏 쉴 수 있는 유일한 은둔처이기 때문에 아래층에 새로 찾아온 손님이 그다지 달갑지 않았습니다.

저는 이 다락방에 아마(亞麻)실 꾸러미를 잔뜩 쌓아두고는 시간이 날 때 마다 이곳에 와서 옷감을 짭니다. 또 밤하늘이 맑은 날이면 지붕 꼭대기에 올라가서 유심히 밤하늘을 관찰하기도 하지요. 반짝 반짝 빛나는 많은 별들을 바라보고 있노라면 마치 제가 거대한 우주의 일부가 된 것처럼 느낌이 들기도 하는데 그럴 때면 전 기분이 아주 좋아진답니다. 아래층에서 손님들과 있을 때와는 아주 딴판으로 말이지요.

사람들은 나를 매춘부라 부르기도 하고 창녀라 부르기도 합니다. 하지만 저로선 어찌할 도리가 없습니다. 왜냐하면 이것이 제가 이곳 여리고 성에서 살아남을 수 있는 유일한 길이었으니까요. 전 사실 어렸을 때 억지로 왕궁으로 잡혀가 늙은 왕의 시중을 들며 살아야 했습니다. 이는 비단 저만의 일은 아니었습니다. 그 당시 젊은 처녀들의 운명이 대개 그랬습니다. 다행히도 전 왕의 아이를 갖지 않았습니다. 이 늙은 왕이 죽자마자 전 그의 포악한 아들에게 또 겁탈을 당할까봐 두려워 왕궁을 빠져나가기 위해 온갖 노력을 다했습니다. 왜냐하면 새로운 군주가 이전 왕의 첩들을 차지하는 것이 왕권이 바뀌었음을 알리는 첫 신호이기 때문입니다. 새 왕의 첩이 되는 것을 겁탈이라고 부르는 사람은 아마 저 말고는 없을 지도 모릅니다.

저는 예전부터 친하게 지내던 왕의 호위병들 덕분에 왕궁에서 빠져 나올 수 있었습니다. 물론 그냥 도망친 것은 아니었습니다. 이것은 죽어 마땅한 대역죄에 해당하니까요. 이 호위병들이 새로 보좌에 앉은 왕에게 제 이야기를 잘 해주어서 제가 왕궁을 나가는 대신 궁궐 밖에서 왕의 첩자를 감시하는 일을 할 것이라는 조건을 제시했습니다. 즉 혹시 몰래 여리고 성에 침입하는 첩자가 있으면 이 사실을 왕의 호위병에게 즉시 전달하는 역할을 제가 맡게 된 것이었습니다.

얼마 후 다시 집으로 돌아왔지만 가족들은 저를 외면하며 문전박대 했습니다. 왜냐하면 그들에게는 제가 가문을 더럽힌 수치스러운 존재였기 때문이었습니다. 앞 길이 막막해지자 제가 살 수 있는 유일한 방법은 바로 이것. 제 몸을 파는 일밖에 없었습니다.

이제 와서 생각해 보니 만약 제가 이 곳에 있지 않았다면 …. 아마 유대인들이 무사히 가나안 땅에 정착하지 못했을지도 모릅니다.

쾅. 쾅. 쾅. 문을 두드리는 소리가 좀 더 크고 다급하게 들려왔습니다.

이곳은 여리고 성 중에서도 높은 성벽 위에 있어서 아래가 훤히 내려다보입니다. 다락방의 조그만 틈새 사이로 머리를 살짝 내밀고 누가 왔는지 내려다 보았더니 낯 선 남자 둘이 보였습니다. 한 사람은 초조하고 두려운 듯 사방을 두리번거리고 있었고, 다른 사람은 자신이 서있는 골목길 돌계단을 오르락 내리락 하고 있었습니다. 이러한 풍경은 제게 매우 익숙하답니다. 왜냐하면 제 집을 찾는 남자들은 모두들 다른 사람에게 들키지 않고 몰래 들어오길 바라니까요.

잠시 후에 문 두드리는 소리가 더 크고 세게 들렸습니다. "알았어요, 알았어요. 지금 나간다니까요." 전 큰 소리로 대답을 하고 머리를 가지런히 손질하며 어깨를 쭉 펴고 문을 향해 걸어나갔습니다. 비록 저는 살면서 많은 것을 포기했지만 절대 포기하지 않는 것이 있었는데 그것은 자신감. 특히 외모에 대한 자신감이랍니다.

가까이서 보니 이 두 남자는 피부결이 매우 거칠고 또 햇빛에 몹시 그을어 있었습니다. 한 사람은 제법 젊고 눈매도 깊은 잘생긴 사람이었고, 또 한 사람은 나이가 좀 들어 보였지만 커다란 널판지 두 장 정도는 너끈히 멜 만큼 어깨가 떡 벌어진 것이 특징이었습니다. 보통 이곳에 오는 남자들은 좋은 세월 다 보내고 얼굴빛이 누래져서 오는 사내들인데 이 두 사람은 달랐습니다.

“우리를 이곳에 잠깐 머물게 해 주시오.” 눈이 깊은 남자가 말을 꺼내었습니다. “지금 당장 말이오.”

“뭐라구요?” 나는 고개를 꼿꼿이 세우고 물었습니다.

“하룻밤, 아니 이틀 정도가 될지도 모르오.” 나이 든 남자가 급히 끼어들며 대답 했습니다. 그 젊은 남자는 저를 찬찬히 훑어보았는데 전 그가 무슨 생각을 하고 있는지 대충 짐작이 갔어요.

하지만 말투로 보아 이들은 외지인이 분명했고 또 그들의 얼굴에는 초조함이 역력했습니다. 그 중 한 사람은 마치 감시를 피하듯 끊임없이 뒤를 돌아 보았어요. 물론 이곳에 출입하는 남자들이 대부분 안절부절 못한 모습을 보이기는 하지만, 그래도 이들에게는 무언가 다른 것이 있었습니다.

순간, 전 이들이 누군지 알아차렸습니다. 이들은 바로 요단강 건너편에 진을 치고 있는 우리의 적, 히브리인들이었습니다. 이들이 호시탐탐 여리고 성을 노리고 있다는 것은 이미 안팎으로 널리 알려진 사실이었습니다. 여리고 성의 성벽을 높이 쌓은 데는 다 이유가 있지 않겠어요?

사실 지난 몇 해 동안 이곳에 머물렀던 사람들이 요단강 동편에 거주하는 히브리인들에 대해 소식을 전해 주곤 하였습니다. 이집트와 여리고 사이에 있는 약 60개 도시가 히브리인들 때문에 모두 전멸되었다는 소식을 말입니다. 히브리인들은 남녀노소를 모두 죽이고 도시 전체를 불태웠으며 기분이 내킬 때면 어린 여자아이들을 납치하거나 포로로 삼았다는 그런 이야기였습니다.

어떤 이들은 히브리인들 중에 마술을 할 수 있는 사람이 있다는 말을 했고 다른 사람들은 히브리인들의 하나님이 홍해를 갈라서 그들을 이집트 바로로부터 해방시켰다고 했습니다. 그리고 그들을 노예로 잡아둔 사람들은 전염병에 걸렸다는 얘기도 들었습니다. 또 하나님이 하늘에서 떡을 내려 주셔서 그들이 굶지 않았고 또 목마를 때는 하나님이 명령하시자 바위에서 물이 쏟아졌다는 이야기도 들었습니다. 이들이 히브리인 첩자라는 사실을 알게 되자 여러 생각이 스쳤습니다.

'이 사람들이 나를 죽이지는 않을까? 내가 여기서 소릴 지른다면 누군가 내 비명을 듣고 달려와 줄까? 아니 안 그럴지도 몰라. 이 마을 사람들에게 나 같은 여자의 목숨은 그다지 중요하지 않으니까 …'

극도의 긴장 속에서 전 선택을 해야 했습니다. 히브리인의 하나님을 믿어야 하는지 아니면 내 민족을 위한 선택을 내려야 하는지.

지난 여러 해 동안 히브리인들과 그들의 하나님에 대해 이야기를 들으면서 전 진정 하나님이 살아계신 분이신지 궁금해지기 시작했습니다. 그리고 내심 저도 그분의 보호를 받을 수 있다면 얼마나 좋을까 라고 생각하게 되었습니다. 사실 얼마 전에는 남들 모르게 기도도 했습니다. 부디 이 기도가 하나님께 전달되기를 바라면서요.

그리고 바로 이 순간 전 결정을 해야만 했습니다. 내가 막 믿기 시작한 하나님을 선택할지 아니면 불신앙을 선택할지를.

"여기에 머무세요." 전 조금은 날카로운 목소리로 그들에게 단호히 말했습니다. "여기 계세요, 그럼 당신들은 안전할 겁니다."

세상에 공짜는 없다는 사실 아시죠? 저는 이 두 첩자들을 지켜주기 위해 오늘 장사를 포기하고 그들을 집안으로 들인 다음 빗장을 단단히 걸어 잠갔습니다.

그 날 오후에 있었던 일을 모두 다 말하지는 않겠습니다. 다만 한 가지. 그 두 첩자들 중 젊은 남자를 보며 제 마음이 두근거리기 시작했다는 사실은 말해야겠네요. 그 사람은 아주 놀랄 만큼 제게 친절하고 정중했습니다. 나 같은 매춘부에게 이런 배려는 꿈도 꾸기 어려운 일입니다. 상대가 예의를 갖추길 바라며 내 자존심을 세운다면, 이 장사는 곧 망하게 되고 말테니까요. 사실 제 친구 한 명이 바로 그랬답니다. 지금 그 친구는 돌 틈에 겨우 잠자리를 구하고 음식을 구걸하며 하루하루를 연명 하고 있습니다.

그 날 오후 마치 목마른 낙타가 느릿느릿 걸어가듯 천천히 저물어가는 석양이 가득한 집안에서 나는 이 두 남자가 나누는 이야기를 들었습니다.

"이 지역 사람들은 그렇게 크지는 않은 것 같소." 먼저 나이 든 남자가 이층 창문 밖을 내려다보며 말했습니다.

"맞습니다" 눈이 깊은 사나이가 대답했습니다. "40년 전 우리는 이 일에 실패했습니다. 그건 단지 우리가 겁을 먹었기 때문입니다. 그 당시에 이곳에 왔던 정찰병들이 우리는 마치 거인들 사이에 있는 메뚜기 같다고 했으니까요. 그 때는 우리가 정말 그랬을지도 모르죠. 하지만 이제는 아닙니다."

눈이 깊고 젊은 남자가 이렇게 말하고는 나를 보며 말했어요.

"라합, 하나님께서는 우리가 이 곳 여리고 땅을 차지하도록 하실 것이오. 우리에게 약속하셨어요. 우리는 이 땅을 평화롭게 차지할 수도 있고, 전쟁으로 싸워서 빼앗을 수도 있소. 두고 보시오. 이 땅은 우리 차지가 될 것이고 하늘의 별보다 더 많은 우리 자손이 앞으로 이 땅에서 살게 될 것이오."

'하늘의 별보다 더 많은 자손'이라는 말에 저는 문득 전에 지붕 꼭대기에서 바라보았던 별이 쏟아질 듯이 가득했던 밤하늘이 생각났습니다. '그래 이 너저분한 거리보다는 밤하늘에 가득한 별들 속에서 더 큰 생명력을 느꼈어.' 사실 전 가끔씩 별을 바라보면서 이 별들이 장차 나의 자녀들이 되지 않을까 하는 상상을 하곤 했습니다. 왠지 이 별들이 저의 후손들과 가까이 있다는 느낌이 들었기 때문입니다. 이런 생각을 하다가도 문득 '정말로 이 별들을 만드시고 별들의 자리를 정하시고 빛과 어두움을 가르고 혼돈 속에서 질서를 창조하는 분이 존재하는 것일까?'라는 질문이 떠오르기도 했습니다.

이러한 상념에 젖어있는 바로 그때, 갑자기 무언가 심상치 않은 기운을 느꼈습니다. 길 가에서 웅성거리며 외치는 소리가 들려오자 그 나이 든 남자는 눈을 가늘게 뜨고 조심스레 소리가 나는 곳을 내려다보았습니다. 소리치며 웅성대는 그 무리들은 저의 집 가까이로 오고 있었습니다. 곧이어 집이 울릴 정도로 문을 세게 두드리는 소리가 들렸습니다.

"당장 나와서 왕의 전갈을 받으시오." 밖에서 외치는 소리가 들렸습니다 "지금 당장 이 집에 숨어든 남자들을 내보내시오 그들은 이 도시를 공격하기 위해 숨어든 첩자들이오."

군사들의 불호령 앞에 서자 문득 의심이 구름처럼 스쳐지나갔습니다. '그들의 하나님이 진짜일까? 그 하나님이 나도 구원해 주실까?'

"당장 문을 여시오. 그들은 우리 모두의 적이요."

하지만 저의 선택은 명백했습니다.

저는 조금도 지체하지 않고 곧바로 이 두 첩자들을 지붕 밑에 있는 다락방으로 인도했고, 건조시키려고 그 곳에 쌓아두었던 아마 줄기 더미 속에 두더지처럼 웅크리고 숨을 자리를 마련해 주었습니다.

만약 이 사실이 발각된다면 전 죽음을 면치 못하겠지요. 저는 아래층으로 내려가면서 태연한 척 하기 위해 숨을 깊게 내쉬었습니다. "어서 문을 여시오. 당장. 놈들이 여기 있는 것을 이미 다 알고 왔소." 저는 문을 열고서는 그동안 알고 지내던 수비대원이 함께 왔는지 재빨리 찾아보았습니다. 제 눈동자가 그의 눈과 마주치자 저는 약간 도도하면서도 매혹적인 눈빛으로 그를 쳐다보며 말했습니다.

"당신들이 찾고 있는 그 사람들은 지금 여기 없어요. 이미 떠나버렸답니다. 저쪽으로요."

전 성문 외곽 쪽으로 가는 언덕 길을 가리키며 말했습니다.

"아마 서두르시면 그들을 잡을 수 있을지도 몰라요 첩자라고는 하지만 행동이 너무 굼떠서 여느 노인네 보다 나을게 없어보였거든요."

그 수비대원은 저를 흘끔 쳐다보고는 홱 뒤로 돌아 성문을 향해 쏜살같이 달리기 시작했습니다. 그러자 다른 사람들도 곧이어 그를 따라갔습니다.

전 조용히 문을 닫고 다시 빗장을 걸었습니다. 비록 위기의 순간은 모면했지만 그래도 마음을 놓을 상황은 아니었으니까요. 전 급히 다락방으로 올라가 숨어 있던 첩자들에게 속삭이듯 말했습니다.

“제 말을 잘 들으세요. 전 하나님이 당신 민족에게 이 땅을 주실 것을 분명히 믿어요. 그리고 그분이 천지 만물과 모든 것을 주관하신다는 사실두요. 오늘 제가 목숨을 걸고 당신들을 지켜주었으니 이제 당신들 차례입니다. 당신들이 이 땅을 차지하기 위해 다시 올 때 저와 제 가족을 구해준다고 약속해 주세요.”

‘가족이라구? 내가 방금 뭐라고 했지? 왜 그들을 구해주려고 하지? 그들은 날 버렸잖아.’

인정하고 싶지는 않지만 전 그 순간에 깨달았습니다. 제가 여전히 제 가족을 깊이 사랑하고 있다는 사실을 말입니다.

정적이 흐르는 가운데 저는 그들의 대답을 기다렸습니다. 만일 그들이 제 요청을 받아들이지 않는다면…제가 마음을 바꾸어 즉시 수비꾼들에게 그들을 넘기는 것은 사실 그리 어려운 일도 아니었습니다.

불편한 침묵이 계속되자, 저는 마침내 벌떡 일어서서 바깥을 향해 소리를 치기 시작했습니다. 그러자 나이 든 첩자가 재빨리 제 어깨를 단단히 붙잡고 저를 진정시키며 말을 했습니다.

“알겠소. 라합. 잘 알겠소. 당신이 우리 목숨을 건져주었으니 그 대가로 우리도 당신과 당신 가족을 지켜주겠소. 하지만 한 가지 조건이 있소. 우리가 다시 이곳에 올 때 당신을 비롯한 가족들 모두가 반드시 집안에 있어야 하오. 누구라도 밖에 나가 있는 경우 우린 그 목숨을 장담할 수 없소."

> 우리가 이 땅에 들어올 때 우리를 내려 보낸 이 창문에 붉은 줄을 매어 놓아야 할 것이오. 또 당신 부모와 당신의 형제자매와 당신 아버지 집안 모두를 당신 집으로 모이게 해야 할 것이오. (여호수아 2:18)

그러자 눈이 깊은 젊은 첩자가 보따리 깊숙이 숨겨 두었던 주홍빛 끈을 꺼내 제게 건네며 말을 이었습니다. "그리고 이것, 우리가 떠난 후 이 주홍색 끈을 당신 집 창문 밖에 걸어놓으시오. 이것이 우리가 당신과 한 언약을 기억하는 징표가 될 것이오."

얼마 후 저녁이 되고 바깥이 잠잠해지자, 저는 이 첩자들이 밧줄을 타고 창문으로 내려가 성벽 밖으로 도망치도록 도와주었습니다. "수비대원들이 당신 찾기를 포기할 때까지 산속에서 사흘 정도 숨어 계세요." 나는 그들이 떠나기 전에 마지막으로 당부했습니다.

그 날 이후 저는 첩자들이 주고 간 그 주홍색 끈을 창문 밖에 매달아 걸고는 가족들이 모두 이곳에 와서 저와 함께 머물도록 했습니다.

그 이후로 기다리는 시간이 시작되었습니다. 이 주홍색 끈을 바라보노라면 혹시 지나가는 사람들의 눈에 너무 띄지는 않을까 우려가 되기도 했고, 때로는 이 주홍색 끈을 살며시 붙잡으며 아직도 믿기지 않은 그 꿈만 같은 언약을 생각하며 기도를 드리기도 했습니다.

"하나님, 당신이 정녕 살아계신다면 저를 지켜주세요. 저는 의지할 누군가가 필요합니다."

내가 네게 명령하지 않았느냐? 강하고 담대하여라. 두려워하지 말고 낙심하지 마라. 네가 어디를 가든 여호와 네 하나님이 너와 함께할 것이다 (여호수아 1:9)

그렇게 삼 주가 흘렀습니다. 음식이나 물이 떨어져서 잠시 외출을 할 때를 제외하고는 우리 모두 집안에 머물렀습니다. 오랫동안 기다리는 시간을 보내면서 저는 전에 이곳에 묵었던 상인들이 히브리인들에 대해 해 준 이야기를 떠올리곤 했습니다.

이집트에서 노예로 사는 동안 히브리인들은 얼마나 고통스러웠을까요? 그들은 얼마나 자유를 원했을까요? 마침내 하나님께서 모세를 바로 왕에게 보내어 히브리 백성들을 보내 주라고 했을 때 바로 왕은 꿈쩍도 안했다고 하지요?

그래서 하나님은 바로 왕의 강팍한 마음을 꺾기 위해 수많은 역병과 질병을 일으키셨고, 또 강을 피로 바꾸었으며, 개구리가 나일강에 범람하게 만들었고, 온갖 종류의 가축이 종기와 질병으로 고통을 당하게 했지만 바로왕은 그의 고집을 꺾지 않았습니다.

마침내 하나님께서는 이스라엘 백성들의 집 문설주에 양의 피를 바르게 하셨고 죽음의 천사를 보내시어 이집트인의 장자들을 모두 치셨는데 이때 문설주에 양의 피를 칠한 이스라엘 백성들은 이 죽음의 재앙에서 무사했습니다. 마침내 이스라엘 백성과 그 자녀들은 이집트를 떠나 자유를 얻게 되었습니다.

'하나님이 다른 사람의 남편이나 아들을 유혹하는 나 같은 매춘부 따위에게도 과연 구원의 손길을 펴실까? 어쩌면 나도 다른 사람들처럼 죽어 마땅한 존재일지도 몰라.'

저는 이런 생각을 하며 주홍색 끈이 밖에서 좀 더 잘 보이도록 조심스레 옮겨놓았습니다.

혹시나 죽음의 신이 이곳에 왔을 때 이 주홍 표시를 보고 아주 오래 전, 이집트에서 양의 피를 바른 문설주를 보고 그냥 지나갔던 기억을 떠올리지 않을까 기대했기 때문입니다.

생각하면 생각할수록 이스라엘 백성과 함께 하시는 하나님은 아주 강하고 위대하신 분이라는 확신이 생겼고, 저도 이 하나님의 보호를 받는 백성이 되고 싶어졌습니다. 그래서 전 이 주홍 끈을 단단히 붙잡고 기도하기 시작했습니다.

"하나님, 당신께서 저를 지금까지 지켜주셨음을 믿습니다. 만약 저도 구원 받을 수 있다면, 저를 구원해 주세요. 있는 모습 그대로 나아가오니 저를 받아주시고 당신의 계획대로 저를 사용해 주십시오. 제가 여기서 죽지 않게 해 주십시오."

다시 몇 주가 지나고 커다란 나팔 소리가 성 전체에 울려 퍼졌습니다. 히브리인 제사장들이 나팔을 불자, 지휘관을 따르던 우리 편 군사 수천 명이 맥없이 쓰러졌습니다. 사실 나팔이 울리기 전 육 일 동안 히브리 사람들은 말 한마디 없이, 여리고 성을 돌며 행진했습니다.

그리고 칠 일째 되는 날, 마침내 나팔소리가 울려 퍼졌는데 정말 귀청이 찢어질 듯 컸습니다. 이스라엘 군사들은 비장한 얼굴로 나팔 소리를 따라 성을 일곱 바퀴 돌았고. 마지막으로 나팔소리가 성이 무너져 내릴 듯 큰 소리로 울려 퍼지자, 온 힘을 다해 소리를 지르기 시작했습니다. 그리고는 엄청난 대혼란이 시작되었습니다. 성벽이 무너져 내리기 시작했고 이 용감무쌍한 히브리인들은 온 힘을 다해 여리고 성을 부수기 시작했습니다. 여기 저기서 절박한 울음소리가 끊이지 않고 들렸는데 특히 구걸을 하며 조그만 동굴 속에서 살던 제 친구가 지르는 마지막 비명소리는 찌를 듯 제 가슴을 파고들어 왔습니다. 시간이 얼마나 흘렀을까, 주변에는 온통 정적만이 흐르고 있었습니다.

제목 : 여리고의 전투

여호수아가 여리고, 여리고, 여리고를 무찌르네
여호수아, 여리고 전투에서
성벽이 와르르 무너져 내리네
(흑인 영가)

저희 가족은 이 무시무시한 상황 속에서 안전하게 여리고 성 밖으로 탈출할 수 있었습니다. 전에 제가 도와주었던 그 히브리 첩자들이 담벼락에 걸린 주홍색 줄을 찾아내어 저희를 구해 준 것입니다. 모든 사람이 죽어가는 상황에서 가장 작고 미천한 매춘부가 구원을 받았다니. 실로 상상하기조차 힘든 일이 벌어진 것입니다.

이것이 전부가 아니었습니다. 이후에 저는 눈이 깊고 잘 생긴 젊은 히브리 첩자와 결혼하여 밤하늘의 무수한 별처럼 점점 창대해지는 이스라엘 백성의 계보에 들어가게 되었습니다. 이 계보를 통해 약 400년 뒤에 이스라엘의 위대한 군주 다윗 왕이 태어났고 또 700 여년이 흐른 뒤에는 인류의 구원자가 되시는 예수 그리스도가 이 땅에 오시게 되었습니다. 예수님의 족보에 들어가서는 안 될 사람이 있다면 그것이 바로 저입니다. 만왕의 왕이신 예수 그리스도께서 저와 같이 미천한 자의 후손이라니 도저히 믿기지 않는, 놀라운 하나님의 은혜입니다. 감히 비교하기도 어려운 분이지만 그래도 같은 계보에 있는 예수님과 저의 닮은 점을 찾는다면, 현실에 만족하지 않고 무언가 더 크고 온전한 것을 갈망하며 그것을 향해 나아가는 마음. 바로 그것이 아닐까 생각합니다.

라합 이야기의 의의

열정적이고 담대했으며 용기와 결단력이 있었던 라합은 하나님을 향한 믿음을 갖고 자기 자신의 선택을 믿었다. 이방인이요 매춘부라는 극히 천한 신분이었지만, 그녀는 이스라엘 해방을 위해 자신의 목숨을 걸었다. 하나님은 이러한 라합을 잊지 않으셨다. 그녀는 매춘에서 벗어났고, 믿음의 가정을 세웠으며, 마침내 예수님의 조상이 되었다. 그녀의 용감한 결단은 우리로 하여금 자기 자신의 연약함을 인정하면서도 우리를 귀하게 여기시는 하나님을 향해 담대한 믿음을 가질 것을 촉구한다. 또한 라합 이야기는 우리에게 세상에는 흠 없이 완전한 기독교인이 없음을 다시금 깨닫게 해준다. 하나님은 늘 부족하고 연약한 자들을 세우셔서, 그분의 놀라운 계획을 이루시는 모습을 종종 볼 수 있다.

믿음으로 기생 라합은 정탐꾼들을 평안히 맞아들여 불순종한 사람들과 함께 죽지 않았습니다. (히브리서 11:31)

함께 읽고 생각해 보기

- 라합이 그녀의 삶의 방향을 하나님께 돌린 것은 한 순간의 결정 때문이라고 할 수 있지만, 사실 하나님께서는 라합이 이러한 결정을 내릴 수 있도록 그녀의 삶을 인도해 오셨다. 당신도 살면서 이처럼 중대한 결정을 내릴 시기와 맞닥뜨린 경험이 있는가? 당신은 어떠한 결정을 내렸으며 어떤 변화가 있었는가? 그 일로 인해 하나님에 대해 무엇을 더 배우게 되었는가?
- 라합이 예수님의 족보에 들어간 것은 다소 예외적일 수 있다. 신학적인 차원에서 그리고 실제적으로 여기에 어떤 의미가 있다고 생각하는가? 라합 이야기는 사람들이 예수님께 좀 더 쉽게 다가갈 수 있도록 한다고 생각하는가? 당신의 경우는 어떠한가?
- 첩자들이 라합을 찾아오기 전에 라합은 무엇을 갈구하였는가? 이것이 그녀가 결단을 내리는데 어떤 영향을 미쳤다고 생각하는가? 당신에게

지금 결단을 내려야 하는 문제들이 있는가. 어떻게 하면 이 상황 속에서 하나님의 임재가 드러날 수 있을까?

- ✔ 라합은 비록 매춘부였지만 자신의 삶을 하나님의 계획을 이루는데 드렸고 그로 인해 구원을 받았다. 당신의 경우 하나님의 뜻을 이루기 위하여 삶의 어떤 부분을 드릴 수 있는가?

라합에 대해 좀 더 알고 싶으시면 뒤에 있는 부록 275면을 참조하세요.

두 번째 이야기

하와

2

하와

✝ 호기심
✝ 능동성
✝ 순수함
✝ 담대함
✝ 도전적

관련 성경 구절 : 창세기 3, 4장
배경 : 에덴 동산
이야기의 중요성 :

하와는 뱀에게 속아 금단의 열매인 선악과를 먹고 이어 아담도 먹게 한다. 이 때문에 하나님의 진노를 사게 되어 에덴 동산에서 쫓겨나게 된다.

난 에덴 동산이 어떻게 만들어졌는지 잘 몰라
그냥 처음부터 이곳에 살았으니까
이곳은 무척 아름다워
갖가지 형상의 동물들
비옥한 땅과 풍성한 과일
모든 것이 완벽한
하나님의 아름다운 작품
그런데 무엇이 문제였을까

그날 아침
뱀이 또 다시 내게 물었을 때
난 순간 주춤거렸어
하와
넌 이렇게 사는 것으로 만족해?
물론 이곳은 행복하고 안전한 곳이야.
하지만 넌 무언가를 더 원하고 있잖아
불 같이 타오르는
열정적인 삶
아마 하나님도
네가 무언가 해보기를 원하실 거야
네 스스로 말이야
선악과를 향해

살짝 고개를 기울이며
뱀은 나에게 이렇게 속삭였지

아냐. 이건 아냐
하나님은 분명히 말씀하셨어
모든 것을 알아도 되고
모든 것을 만져도 되고
모든 것을 가져도 된다고
단지 이 열매만은 안 된다고

하와 나도 알아
나도 이해해
이렇게 속삭이는 뱀의 모습 속에서
어두움이라곤 조금도 찾을 수 없었지
그녀는 이 동산에서
가장 아름다웠으니까
동그랗게 휘어진 꼬리위로
당당히 빛나는 금빛 깃털
반짝이는 그녀의 깊은 눈빛은
언제나 나를 설레게 했어
또 난 뱀을 믿었어
우린 서로 친구였으니까
그래서였을까
난 선악과를 넌지시 바라보았어
그러자
그녀는 나에게 속삭이듯 말했어
무엇이 문제야, 하와

그저 한 입 맛보는 건데
괜찮아
하나님은 널 사랑하시잖아
너를 그저 어린아이로
보시는 거야
하지만 이걸 먹으면
넌 성장할거야
하나님도 이것을
매우 기뻐하실거야

어느덧
빨간 열매가 뱀의 손 안에서
나를 만져 주세요라고
내게 속삭였지
영롱한 아침 이슬을
머금은 채로

어서 먹어봐
딱 한 입만
네가 아주 좋아할 걸
그리고 걱정마
이건 우리만의 비밀이니까
나를 믿어

그리고 뱀은
숨을 죽이고
조용히 나를 바라보았어

그 순간
난 깊은 늪에 빠진 듯
조금도 움직일 수 없었지

그래 난 이미 어른이야
이제 스스로 결정하면서
성숙해 져야해

떨리는 손으로 선악과를 잡고는
천천히 한 입 베어 물었어
달콤하고 상큼했던 그 맛

하지만 이젠 아무것도 기억나지 않아
바로 그 순간이
에덴과 하나님을 등지고
고통스런 여정을 시작하는
첫 걸음이 되었으니까
해산의 고통은
단지 시작이었을 뿐
남편은 늘 일에 지쳐 허덕이고
아들들이 서로 죽고 죽이는 모습을
지켜보는 그 고통이란

난 가끔 상상 하곤 해
만약 내가 계속 에덴에서 살았다면
나의 인생은 어떻게 달라졌을까?
둥지 속에서 마냥 어미젖을 빠는

어린 새와 같았을까?
그래
선악과를 먹은 건 내 선택이었어
그래서
난 그 상처를 품었고
세상은 그 아픔을 품었지
성장한다는 건
자아를 갖는다는 건
끝없는 아픔 그리고 고통

하와_ 자아, 그 치명적인 유혹

사람의 마음은 도대체 얼마나 갈기갈기 찢어질 수 있는 걸까요? 왜 수백 년이 지나도 아들을 잃은 이 슬픔은 누그러지지 않을까요? 세월이 지나면 좀 나아지겠지 기대했지만 하나님은 저에게 평안대신 끊임없이 슬픔만 주셨습니다. 아벨을 잃은 그 끔찍한 일이 있던 바로 그 날부터 말입니다.

이 슬픔과 고통, 제가 자초한 거라고 생각하시겠지요? 맞아요. 모든 일은 바로 예전의 그 일, 거기서부터 시작되었으니까요.

> **여호와 하나님께서 만드신 들짐승 가운데 뱀이 가장 교활했습니다.** (창세기 3:1)

하나님은 진정 저희가 선악과를 먹지 않기를 바라셨습니다. 하지만 제가 그걸 먹었습니다. 사실 전 시간이 날 때면 종종 이 선악과 나무를 호기심 어린 눈으로 바라보았습니다. 왜냐하면 이것만이 에덴동산에서 우리에게 허락되지 않은 유일한 것이었으니까요. 그리고 제 친구였던 뱀은 저를 자주 찾아와서는 선악과를 먹어보라고 유혹하곤 했습니다.

사실 엄청난 사건이 일어났던 그 날 오후도 아담은 하나님과 단둘이 산책을 하러 나갔고, 전 뱀과 함께 걸었어요. 아담이 하나님과 오후 시간을 보낼 때면 전 주로 뱀과 함께 산책을 하며 시간을 보내곤 했습니다. 뱀은 늘 하나님이 다른 일에 바쁘실 때 저를 찾아왔습니다. 그 때 말고는 그녀를 보지 못했고 그래서 그녀가 다시 오기를 마냥 기다리곤 했습니다.

왜 뱀을 그녀라고 부르냐구요? 왜냐하면 전 늘 그 뱀이 저와 동성일 것이라고 생각했기 때문입니다. 전 함께 교제할 수 있는 동성 친구가 필요했는데 뱀이 저의 이런 간절한 마음을 너무 잘 알고 있었습니다. 뱀은 아담조차 잘 이해하지 못하는 제 마음의 섬세한 부분까지 무척 잘 이해해 주었습니다. 그렇다고 아담과 제 관계를 오해하시지 않기 바랍니다. 아담과 저는 둘도 없는 천생연분이라는 사실에는 의심할 여지가 조금도 없었으니까요.

하지만 뱀의 경우는 달랐습니다. 그녀는 나의 소중한 벗이었습니다. 늘 고개를 끄덕이며 제 말을 주의 깊게 들어주었고 적절한 질문을 하기도 했습니다. 그리고 뱀은 에덴 동산 안에서 그 누구도 갖지 못한 특별한 능력을 가지고 있었는데 그것은 바로 언제라도 자신이 원하는 모습으로 변할 수 있는 변신술이었습니다.

뱀이 아름다운 새의 모습으로 나타나면 저는 손을 뻗어 그녀의 반짝이는 깃털을 만지기도 했고, 또 어떤 때는 으르렁거리는 사자의 모습으로 나타나 저를 놀라게 하기도 했습니다. 물론 처음에는 너무 놀라 비명을 질렀지만 나중에는 함께 웃으며 즐거운 시간을 보냈습니다. 그런가하면 어떤 날은 우아한 자태를 한 사슴의 모습으로 나타나 저를 감동시키기도 했지요.

하지만 뱀은 종종 저와 모습이 비슷한 여자의 형태로 나타나서는 저와 함께 동산을 거닐었습니다. 저는 그때 까지 한 번도 다른 여자를 만나 본 적이 없었습니다. 그래서 그녀와 함께 걷고 있노라면 제가 혼자가 아니라는 생각에 무척 기분이 좋았습니다. 전 아담을 사랑하지만 그는 남자라서 그런지 때때로 저의 마음과 생각을 잘 이해하지 못했습니다. 그럴 때 느끼는 뭔지 모를 허전한 마음을 이 친구와 함께 있을 때에는 느끼지 않았습니다.

뱀은 다양한 모습으로 변신을 하는 재주가 있었지만 단 한 가지 변하지 않는 것이 있었는데 바로 그녀의 눈빛이었습니다. 늘 반짝 반짝 빛나며 조금도 빈틈을 보이지 않는 진 초록빛 눈. 이 눈빛 속에는 어떤 어두운 그림자가 있을지 상상할 수도 없었습니다. 물론 이것은 순전히 제 착각이었다는 사실이 나중에 드러났지만 말입니다. 우리가 서로 친구로 지내는 동안 우리는 늘 여러 가지 주제를 가지고 대화를 했습니다. 하지만 결론은 늘 한 가지였는데, 다름 아닌 바로 선악과였습니다. 뱀은 유난히도 이 선악과에 관심이 많았습니다. 물론 저도 그랬지만요.

"하와, 그냥 먹어보지 그래?"

"하나님이 먹지 말라고 하신 것. 너도 알잖아."

"진심이 아니실 거야."

"아니. 진짜야."

"그냥 먹어봐. 항상 먹고 싶어하잖아."

"그럴 수는 없어." 우리의 대화는 늘 이런 식으로 끝이 나고는 했습니다.

며칠이 지난 후 뱀이 윤기가 번지르르하고 늠름한 사자의 모습으로 나를 찾아왔습니다. 그날도 우리는 함께 산책을 하였고 뱀은 또 다시 교묘한 말로 저를 유혹하기 시작했습니다.

"하나님이 선악과는 안 된다고 말씀하신 건, 사실은 허락하신다는 뜻이 아닐까? 하나님은 너를 사랑하시고 또 네가 그분을 사랑한다는 걸 이미 알고 계셔. 그러니 네가 선악과를 먹고 좀 더 하나님을 닮게 되면 그것은 좋은 일이야. 그러니까 그 분이 먹지 말라고 하신 말씀 속에는 네가 잘 판단해서 먹기를 원하신다는 뜻이 담겨있는 것 같아."

'도대체 무슨 말을 하는 거야?' 저는 의아해 하면서도 여느 때처럼 고개를 가로저었습니다. 하지만 이번에는 그녀도 순순히 물러서지 않았지요.

"하나님은 매일 아담만 데리고 나가시고 너는 혼자 선악과 곁에 남겨두셔. 일부러 그러시는 거라고 생각해 본 적 없어? 그분은 너에게 선악과가 필요하다는 것을 이미 아시는 거야."

날이면 날마다 계속되는 그녀의 유혹에 전 점점 마음이 흔들리기 시작했습니다. 뱀과 대화를 나누다 보면 이 행복한 낙원 생활이 매우 단조롭게 느껴졌고, 또 내 스스로 무언가를 해보고 싶다는 열망이 마음속에서 솟아 올라왔습니다. 단지 무엇을 어떻게 해야 할 지 그 방법을 몰랐을 뿐입니다.

제가 선악과를 먹은 바로 그 날 아침, 뱀은 아름다운 여인의 모습으로 제게 다시 찾아왔습니다. 이미 그녀는 내 마음 속에 불순종의 욕구가 마치 잘 익은 선악과처럼 무르익어 있다는 사실을 잘 알고 있는 것 같았습니다. 처음에는 늘 그러하듯 동산 여기저기를 함께 거닐며 이런 저런 대화로 이야기꽃을 피웠습니다. 하지만 우리의 산책은 결코 방향을 모르는 것이 아니었습니다. 마침내 우리의 발걸음이 선악과 나무 앞에 다다랐고, 전 이제 올 것이 왔구나 라는 생각을 하게 되었습니다. 석양빛에 영롱하게 빛나는 선악과를 보고 있자니 그 아름다움이 성스럽게도 보이고 또 다른 어느 과실 보다 맛있어 보이기도 했습니다. 마치 나방이 불에 이끌려 따라가듯 전 서서히 선악과 앞으로 다가갔습니다.

머뭇거리는 제 앞에서 뱀은 조금도 망설이지 않고 선악과 열매를 하나 따서 제게 내밀었습니다.

전 마치 얼어붙기라도 한 듯 꼼짝 않고 그대로 서서 뱀의 손에 놓여있는 선악과를 응시했습니다. 아름답게 쭉 뻗은 나뭇가지에서 막 떨어져 나온 이 싱싱한 열매는 석양 빛 가운데 은은하게 빛나고 있었습니다. 이렇게 아름답고 흠 없는 과실은 한 번도 본 적이 없었던 것 같았습니다. 이 완벽하게 아름다운 선악과를 보고 있자니 문득 '하나님은 왜 이렇게 아름다운 과실을 우리에게 안 주시려고 하는 것일까?'라는 섭섭한 생각이 들었습니다.

“자 어서 먹어봐. 한 입만. 그러면 너도 곧 하나님처럼 지혜로워 질 거야. 그래서 무엇이 선하고 무엇이 악한지 잘 분별하게 될 거라구. 그리고 걱정하지 마. 이건 우리끼리의 비밀이니까. 하나님은 절대 모르실거야.”

결국 전 이 날 제 인생의 최대 실수를 저지르게 되었습니다. 도대체 제가 왜 그랬는지 아무리 생각을 해도 이해가 되지 않지만 그 순간에는 도무지 그 유혹을 이길 힘이 없었습니다. 전 뱀의 말을 듣고 순순히 그녀에게 순종했습니다. 그녀의 손에서 선악과를 받아들고는 마침내 한 입을 베어 물었습니다.

여자가 보니 그 나무의 열매가 먹기에 좋고 눈으로 보기에도 좋으며 지혜롭게 할 만큼 탐스러워 보였습니다. (창세기 3: 6a)

선악과의 과즙이 입가에서 채 마르기도 전에 아담이 돌아왔습니다. 뱀은 이미 사라진 후였지요. 전 이 금단의 열매가 주는 황홀한 맛에 잠시 취해 그녀가 떠나는지도 몰랐습니다. 아담을 보자 전 선악과를 내밀며 담대하게 말했습니다.

“자, 당신도 좀 먹어봐요. 먹어도 괜찮으니까 어서요. 날 봐요 이렇게 죽지 않고 멀쩡하잖아요. 뱀의 말이 맞았어요. 하나님은 우리가 선악과 먹기를 내심 기다리고 계셨던 것 같아요.” 전 아담의 손바닥에 선악과를 내려놓았습니다.

“안돼요, 하와” 아담은 얼굴이 새하얗게 질려서 저에게 대답했습니다. 그는 손을 몹시 떨고 있었습니다.

“이러면 안돼요”

“아이, 그러지 말고 어서 좀 먹어봐요. 하나님이 지금 여기 계시지도 않잖아요. 아마 모르실 거에요. 설마 당신, 나 혼자 이 일을 감당하게 하지는 않을 거죠?” 신기하게도 뱀이 내게 했던 말이 내 입술을 통해 그대로 흘러나오고 있었습니다. 저의 말을 들은 아담도 무언가 중얼거리더니 손바닥에 놓인 선악과를 부드럽게 쥐고는 마치 이것이 진짜인지 확인이라도 하듯 눈앞에 가까이 가져갔습니다. 그 순간은 마치 동산 전체가 숨을 죽이고 그의 행동을 주시하고 있는 듯 죽음과 같은 정적이 흘렀습니다. 잠시 후 아담은 저를 쳐다보며 이렇게 말했습니다. “난 당신과 영원히 함께 하겠소.”

그리고는 선악과를 먹기 시작했습니다. 제가 어떤 선택을 해도 저와 함께 한다는 그 말이 얼마나 믿음직스러운지, 전 그 순간만큼 아담을 사랑해 본 적이 없는 것 같았습니다.

그런데 이것이 웬일일까요? 이 탐스럽고 아름다운 선악과를 아무렇지도 않은 듯 우걱우걱 씹고 있는 아담을 보고 있자니 제 마음 깊은 곳이 찌를 듯 아파왔습니다. 또 아무렇지도 않은 듯 선악과를 씹어 먹고 있는 아담의 눈에도 눈물이 흐르고 있었습니다. 선악과를 다 먹자 그는 그 남은 씨앗을 땅에 휙 던져버리고는 아무 말도 없이 그 자리를 떠났습니다. 그리고 몇 시간 후에 그가 돌아 왔는데, 그때 그는 매우 화가 나 있었습니다.

얼마 지나지 않아 동산 어디선가 부스럭거리는 소리가 들렸습니다. 하나님이 우리를 찾고 계신 소리였지요. 어제까지만 해도 이 소리는 우리에게 기쁨과 반가움을 주었는데 오늘은 상황이 달랐습니다. 하나님이 오시는 소리에 우리는 벌거벗고 있다는 사실을 깨닫고는 급히 바위 뒤에 숨었습니다.

"아담아, 네가 어디 있느냐?" 하나님이 물으셨습니다.

"당신의 소리를 듣고 우리가 벗었으므로 숨었습니다." 아담이 떨며 대답을 했습니다. 물론 날씨가 추워서 떤 것이 아니었습니다. 동산의 날씨는 언제나 완벽했으니까요.

"네가 벗었다는 사실을 누가 얘기해 주었느냐?" 그리고는 바로 뒤이어 제 가슴을 철렁 내려앉게 할 바로 그 질문을 하셨습니다. "내가 네게 먹지 말라고 명한 그 과실을 네가 먹었느냐?"

이 말을 듣자 저는 무너지는 마음을 쓸어 내리며 아담 뒤에 숨었습니다. '이제 끝났어. 이제 모든 것이 다 끝났어'

아담이 말했습니다. "하나님께서 함께하라고 제게 주신 그 여자가 나무열매를 제게 주어 제가 먹었습니다." (창세기 3:12)

"예, 하지만 당신이 나에게 주신 이 여자가 내게 이 선악과를 먹으라고 했습니다. 그래서 제가 먹었습니다."

전 두려움에 떨고 있었지만 아담의 말을 똑똑히 들을 수 있었습니다. '당신이 내게 준 여자라구요? 당신, 참 고맙군요!' 전 문득 제 핑계를 대는 아담에게 섭섭함을 느꼈습니다.

"네가 왜 그랬느냐? 난 네게 아름다운 거처와 또 필요한 모든 것을 다 주어서 네가 풍족히 즐길 수 있도록 해 주었다."

"뱀이 저를 유혹했어요," 전 울먹이며 하나님께 대답 했습니다 "그녀는 저의 친구라서... 그녀가 선악과를 제게 주어서 전 그냥 받아 먹었어요."

여자가 말했습니다. "뱀이 저를 꾀어서 제가 먹었습니다." (창세기 3:13b)

'뱀이 나를 유혹해서 먹었다고? 이것이 진짜 거짓 없는 대답인가?' 저는 하나님께 대답을 하면서도 마음이 찔렸습니다.

"뱀이 너의 친구라고? 진정 이것이 너의 친구란 말이냐?" 하나님은 이렇게 말씀하시면서 흐드러지게 핀 라일락 꽃 나무 아래 키 작은 잡목을 내리 치시며 말씀하셨습니다. "뱀아, 당장 나오너라."

하나님이 명령 하시자 겁에 질린 뱀이 멍든 얼굴을 살짝 드러내었을 뿐 잡목 뒤에 숨어서 웅크린 채 우리를 바라 보고 있었습니다. "이 사악하고 교활한 뱀은 한 번도 너의 친구인 적이 없었다." 하나님이 말씀하셨습니다. "그리고 앞으로는 평생 너의 원수가 될 것이다. 이 죄로 인해 뱀은 이제부터 영원토록 땅을 기어다니며 살게 될 것이다."

하나님의 말씀이 끝나자마자 뱀의 탄탄했던 근육질 몸체는 미끈거리는 검정색 굵은 밧줄처럼 변했고, 부드럽고 아름다웠던 피부는 온통 비늘로 덮여 버렸습니다.

그녀의 풍성하고 아름다웠던 머릿결은 이제 땅에 납작 눌린 돗자리같이 되어버렸고 내가 그토록 사랑했던 그녀의 매혹적인 초록빛 눈동자는, 별빛 하나 없는 캄캄한 밤하늘처럼 새까맣게 변해버렸습니다. 그리고 한 때 나에게 그토록 부드러운 위로를 해 주던 그녀의 입술은 이제 둘로 갈라진 혀를 낼름 거릴 뿐이었습니다.

그 순간 저는 깨달았습니다. 저는 단 한 번도 그녀의 관심의 대상이 아니었다는 사실을 말입니다. 뱀의 진정한 관심은 제가 아니라 하나님, 바로 하나님을 대적하는 일이었음을 그제서야 깨닫게 되었습니다.

그때 몸이 흉측하게 변해버린 뱀이 머리와 몸뚱이를 번쩍 들더니 비틀비틀 요상한 춤을 추기 시작했습니다. 그러자 하나님께서 명하셨습니다. "이제 그만. 사단아, 물러가라."

하나님의 명령에 뱀은 미끄러지듯 사라지면서 저를 유심히 쳐다보았습니다. 그 눈빛에는 어떤 두려움도 애정도 후회의 기색도 없었습니다. 그것은 전에는 제가 상상조차 하지 못했던 눈빛, 바로 승리의 눈빛이었습니다.

그 순간 전 이 모든 상황을 이해할 수 있게 되었습니다. 그동안 그녀가 보여 주었던 여러 가지 다정다감한 모습은 단지 저를 유혹하기 위해 저의 비위를 맞추어 주었던 것 뿐이라는 사실을요. 전 뱀에게 끊임없이 배신을 당하고 있었던 것이었지요. 뱀은 처음부터 제가 잘 되는 일 따위에는 조금도 관심이 없었을 뿐만 아니라 원하지도 않았습니다. 전 이 친구에게 제 마음을 모두 주었는데, 뱀은 그런 제 마음을 바닥에 내동댕이쳐 산산이 부수어 놓고는 이렇게 깨어진 저의 모습을 하나님께 보여 드리고 싶었던 것이었습니다. 그리고 이 모든 일은 뱀이 원하는 대로 이루어졌습니다.

'이제 모든 것이 다 분명해 졌어.

난 어쩌면 이토록 어리석었을까?'

뱀이 사라지고 난 후 하나님은 내 남편이자 유일한 가족인 아담에게 이렇게 말씀하셨습니다.

"아담, 너는 하와와 함께 선악과를 먹었다. 그 때문에 벌을 받을 것이다. 지금부터 네가 다시 흙으로 돌아갈 때까지 너는 땀흘려 일하고 수고해야 한다. 죽도록 열심히 일을 해야 겨우 땅에서 나는 소산을 먹을 수 있을 것이다. 왜냐하면 내가 이 땅을 저주했기 때문이다. 하와가 네게 선악과를 주기는 했지만 먹으라고 강요하지는 않았다. 네가 스스로 먹은 것이다."

이 말씀을 듣자 극심한 두려움이 저를 엄습해서 전 그 자리에 주저앉아 버리고 말았습니다. 이러한 고통은 생전 처음 느껴 보는 것 같았습니다. 이 때 하나님께서 저를 바라보시며 말씀하셨습니다.

"하와야, 난 네가 늘 변화하고 성장하고 싶어했다는 것을 안다. 그리고 아담은 나와 함께 있는 시간을 즐거워했지만 넌 그것보다는 좀 더 홀로 자유롭게 있고 싶어 했지. 난 또 네가 사단과 자주 교제하고 있다는 사실을 알고 있었지만, 너의 선택을 존중하고 싶었고 또 너를 믿었기에 네 일상에 간섭을 많이 하지는 않았다."

"하지만 넌 너를 미혹하는 자의 말에 넘어갔고 이 일로 인해 너에게는 출산의 고통이 가중될 것이다. 너는 고통 중에 피와 땀과 눈물을 흘리며 아이를 낳게 될 것이고 또한 아담은 너를 다스릴 것이다."

하나님의 말씀에 전 깜짝 놀랐습니다 '아이라고? 하나님이 지금 무슨 말씀을 하시는 거지? 새끼는 짐승들이나 낳는 것이지 우린 아니잖아. 애를 낳으면서 피와 눈물을 흘려야한다니. 안 돼, 안 돼. 이 모든 것이 도무지 말도 안 돼!' 너무 어이가 없어 멍하니 있는데 하나님의 음성이 다시 들려왔습니다.

"자 이제 떠나거라. 이제 여기는 더 이상 너희의 집이 아니다. 어서 가거라."

하나님의 명령이 떨어지자 우린 평생 동안 살았던 에덴 동산을 떠나야 했습니다. 모든 것이 푸르고 아름다운 이 동산을 등지고 나아가야 하는 곳에는 타는 듯이 뜨겁고 건조하고 메마른 땅이 펼쳐져 있었습니다. 하나님의 말씀이 맞았습니다. 우리의 죄때문에 땅이 저주를 받은 것입니다.

그때 한 천사가 에덴 동산을 지키기 위해 우리의 등 뒤에 나타났습니다. 아마 우리가 에덴 동산 주변을 머뭇거리지 못하도록 하나님이 보내신 것 같았습니다. 저는 전에도 천사를 본 적이 있었습니다. 항상 즐겁고 신나게 춤을 추고 노래하는 모습이었는데, 지금 이곳을 지키고 선 천사의 모습은 매우 달랐습니다. 이 천사는 장난기라고는 전혀 없이 매우 위협적인 모습으로 에덴의 출구에 서 있는데 반은 사자 그리고 반은 사람의 모습을 하고 있었습니다. 또 그의 옆에는 불꽃이 타오르는 검이 춤추듯 움직이고 있었는데, 아무도 접근하지 못하도록 하기 위한 것 같았습니다.

선악과를 먹은 것이 이렇게 큰 범죄인 줄은 정말 몰랐습니다. 그리고 이것은 엄연히 저의 잘못인데 아담까지 함께 벌을 받는 것 같아서 마음이 무거웠습니다. 선악과를 먹었다고 우리의 평생 고향이었던 에덴 동산에서 쫓겨나리라고는 상상조차 하지 못했습니다. 만약 우리가 에덴을 향해 다시 발걸음을 옮긴다면 저 무서운 천사가 우리에게 칼을 휘두를까요? 순간 다시 에덴으로 돌아가 하나님께 이곳에서 살게 해달라고 애원을 할까 생각해 보았지만 불꽃이 활활 타오르는 검을 보자 그럴 엄두가 나지 않았습니다.

그래서 방향을 돌리지 않고 그냥 앞으로 나아가기 시작했습니다.

갑자기 추위와 허기가 느껴졌습니다. 얼마 전에 선악과를 한 입 먹은 것이 그날 먹은 전부였으니까요. 하지만 어디서 음식을 구해야 할지 막막했습니다. 사막 기후라서 그런지 저녁이 되자 갑자기 추워졌고, 사막 가운데 드문 드문 서 있는 감람나무 밑이 추위를 피할 수 있는 유일한 곳이었습니다. 나무 밑에 들어가 앉자 여러가지 감정이 한꺼번에 북받쳐 올라오면서 전에는 한 번도 느끼지 못했던 강렬한 열정, 두려움, 분노 그리고 갈망이 마음을 사로잡았습니다. 그리고 그날 밤 저희는 그 어느 때 보다도 더 강렬하게 사랑을 나누었습니다.

전 하나님이 아담의 갈빗대를 취해서 저를 만드셨다는 것을 잘 압니다. 그의 가슴 한 켠에 있는 상처가 늘 저에게 이 사실을 상기시켜 줍니다. 우리가 사랑을 나눌 때면, 전 그의 가슴팍에 남은 흔적을 쓰다듬으며 이곳이 내 존재가 시작된 곳이구나 하는 생각을 하곤 합니다. 비록 죄를 범했지만 그래도 우린 여전히 한 몸이었습니다. 우리의 생각과 마음뿐 아니라, 몸과 영혼까지도 말입니다.

이 외롭고 낯선 땅에서의 삶은 힘들고 거칠었습니다. 예전 같으면 아담이 하루 일과를 마치고나서 하나님과 함께 오후 햇살을 즐기며 산책을 했는데, 이제 아담은 밤이 늦도록 일을 하고, 일이 끝나면 녹초가 되어서 잠들어버리는 것이 일상이 되었습니다. 아담의 등은 거친 노동과 세월로 점차 구부정해졌고 그의 손은 뜨거운 모래사막을 경작하느라 새까맣게 변해 버렸습니다.

낮에는 타버릴 듯이 덥고 저녁은 싸늘한 냉기가 도는 이 저주받은 땅에서 일어난 가장 놀라운 기적은 우리에게서 새 생명이 태어난 일이었습니다.

하나님께서는 저에게 선악과를 먹은 죄로 인해 해산의 고통을 더하신다고 하셨는데 실제로 그랬습니다. 정말로 참기 어려운 고통이었지요. 하지만 이 잠깐의 고통 뒤에 찾아 온 것은 새 생명이 가져다주는 놀라운 기쁨이었습니다. 이 기쁨을 다시 맛볼 수 있다면 해산의 고통도 얼마든지 참을 수 있을 것 같았습니다. 자녀들을 가지면서 진정 새로운 인생이 시작되었습니다.

저는 무럭무럭 자라나는 두 아들을 바라보는 기쁨으로 하루하루를 살았습니다. 아이들의 가늘고 긴 다리, 반짝이는 피부를 바라보고 있노라면 에덴의 모든 축복을 다 잃고 이 척박한 땅에서 고달픈 삶을 살고 있다는 사실을 모두 잊을 정도였으니까요. 저는 가정에서 아이들을 사랑으로 훈육하였고, 아담은 아이들에게 농사짓는 법과 집 짓는 법을 가르쳤습니다. 어렸을 때부터 큰 아들 가인은 농부 기질이 탁월했습니다. 그는 각종 새들이 에덴 동산 근방에서 물어오는 야생식물 종자를 찾아내서는 그것을 심고 잘 경작해서 풍성한 수확을 거두었어요. 반면에 아벨은 동물을 다루는 재주가 탁월했습니다. 사실 에덴 동산에서 살 때는 동물들이 모두 잘 길들여져 있었기 때문에 따로 길들일 필요가 없었습니다. 그곳에서는 사자가 양과 함께 누워있기도 하고, 왜가리가 퓨마의 코를 비비며 놀았으니까요. 때때로 거북이가 토끼에게 경주를 걸곤 하였는데, 그 경주의 결과를 지켜보며 우리는 모두 함께 박장대소를 하곤 했습니다. 그리고 에덴 동산에서 우린 고기를 먹지 않았습니다. 모든 동물들이 우리의 친구였기 때문입니다. 또 에덴 동산에는 일 년 내내 잘 익은 과일들과 신선하고 맛있는 채소들이 늘 풍성했기 때문에 따로 고기를 먹을 필요도 느끼지 못했습니다. 물론 이제는 이 모든 것이 지나간 추억이 되었지만 말입니다.

에덴 동산 밖의 상황은 매우 달랐습니다. 동물들은 서로를 공격했고, 때때로 멧돼지나 사자 혹은 곰이 우리를 공격하기도 했습니다. 하나님이 동물을 지으시면서 인간과 평화롭게 공존하기를 바라셨고, 또 아담이 한 때 모든 동물의 이름을 지어주었는데 이제는 동물에게 공격을 당하고 또 우리와 자녀의 생존을 위해 동물들을 죽여야 한다는 사실에 무척 가슴 아프지만 어쩔 수 없는 현실이었습니다. 아담은 사냥이나 고기 잡이를 하러 갈 때는 늘 아벨을 데리고 갔습니다. 한 번 사냥을 가면 여러 날 동안 돌아오지 않았지만 돌아올 때는 늘 사냥감을 가득 짊어지고 와서 가족의 먹을 것과 입을 것을 해결하곤 했습니다.

아벨이 사냥을 가지 않을 때는 집에서 키우는 양과 염소 그리고 칠면조나 오리를 치며 시간을 보냈습니다. 어쩌면 다시는 에덴 동산에서처럼 동물과 평화롭게 사는 삶을 누리지 못할지도 모르지만 지금으로서는 생존이 가장 중요한 문제였지요.

오랜 시간 이러한 삶이 지속되었지만 사실 전 한 번도 죽음에 대해 심각하게 생각을 해 보지 않았습니다. 왠지 나이를 먹고 죽는다는 것은 저희와는 무관한 일이라는 생각이 들었으니까요. 그렇다고 죽음이 무엇인지 몰랐다는 말은 아닙니다. 주변에서 늘 죽음을 목격하며 살았으니까요. 하지만 죽음의 그림자가 우리의 삶에 가까이 오리라고는 상상조차 하지 않았어요.

그러던 어느 날이었습니다. 이 날 오후는 유난히도 조용했습니다. 보통 때 같으면 오후 늦게 석양이 깊어지면서 여기 저기서 새들이 울기도 하는데 이 날은 죽음과 같은 고요함에 왠지 모르게 불안했습니다. 사실 이 날 저녁 우리 가족은 모두 함께 티그리스 강이 내려다 보이는 언덕 위에서 구운 양고기와 신선한 채소를 곁들인 특별 가족 저녁식사를 할 계획이었습니다. 이곳은 아담과 제가 가장 좋아하는 장소였지요. 그날 저녁이 특별한 이유는 가인과 아벨이 하나님께 첫 예물을 드린 날이었기 때문이었습니다. 아담과 저는 미리 식사 장소에 가서 두 아들을 기다렸습니다. 가인은 그가 수확한 과일과 채소를 하나님께 바치고, 아벨은 그가 키운 양들 중에 가장 어리고 흠 없는 것을 골라 하나님께 예물로 드린 후 오늘 저녁 식사를 위해 채소와 고기를 가지고 온다고 말했기 때문입니다.

한참을 기다려도 두 아들 모두 나타나지 않았습니다. 평소와 다르게 죽음같은 정적이 사방을 에워싸고 있을 뿐 새들도 그리고 일찍부터 나와 오후의 정적을 깨곤 하는 귀뚜라미 소리도 들리지 않았습니다. 바로 그때 저는 언덕 너머에 있는 키가 크고 바짝 마른 나무 꼭대기에 독수리 무리가 모여 있는 것을 발견하였습니다. 그 중 독수리 세 마리가 원을 그리며 하늘 위를 높이 올라갔다 내려갔다 했습니다. 처음에는 큰 원을 그리는가 싶더니 점차 더 작은 반경으로 맴돌다가는 땅에서 발견한 먹이를 향해 재빠르게 돌진하였습니다. 그러자 나무 위에 있던 다른 독수리들도 따라서 날개를 펴고 나무 위를 빙빙 돌며 먹잇감을 향해 움직이기 시작했습니다.

"무슨 일이 일어난 걸까? 아마 독수리들이 동물 사체를 발견한 모양이네. 그러고 보니 저기 무언가 누르스름하고 붉은 덩어리가 땅에 보이는 것 같아." 저는 언덕너머에 펼쳐진 광경을 바라보며 이렇게 혼자 중얼거렸습니다.

'사람은 죽지 않아. 그러니까 걱정할 필요 없어.'

"아마 사슴이거나 순록이겠지. 아니면 엘크일지도 몰라. 그래 엘크가 틀림없어. 그렇지 않아도 얼마 전에 엘크 떼가 강변을 지나갔잖아."

'사람은 죽지 않아.'

하지만 무언가 불길한 예감이 저를 엄습하였고 그 순간 다리가 탁 풀려 비틀거렸습니다. '가서 무슨 일이 있는지 내 눈으로 확인을 해야겠어.' 저는 아담의 부축을 받아가며 그곳으로 가기 시작했습니다. 미끄러운 강변길을 따라 천천히 내려오는데 이제라도 저의 두 아들이 즐거운 함성을 지르며 이곳을 향해 달려올 것 같은 생각이 들었습니다.

하지만 이것은 단지 저의 상상일 뿐 여전히 죽음 같은 침묵만이 강을 따라 조용히 흐르고 있었습니다.

마침내 그곳에 도착하자 제 눈으로 그 누르스름하고 붉은 덩어리의 사체가 무엇인지 확인할 수 있었습니다.

"안 돼!!!!!!!!!!!!" 저는 비명을 질렀습니다. "안 돼!!!!!!!!!!!!!"

제 발 앞에 놓여 있는 것은 한껏 두들겨 맞아 피로 범벅이 된 아벨의 싸늘한 주검이었습니다. 내 아들. 내가 사랑하는 나의 둘째 아들. 늘 생기넘치고 유달리 웃음이 많았던 나의 사랑하는 아들. 이곳에서 어렵게 새로운 삶에 정착해 가면서, 우리에게 무척이나 많은 즐거움을 주었던 바로 그 아들이 이제 싸늘한 시신이 되어 이곳에 이렇게 누워있다니.

저는 죽은 아들의 시신을 제 가슴에 품고는 통곡을 하였고 얼굴이 새하얗게 질린 아담은 마치 아벨을 죽인 누군가로부터 우리 모두를 보호하려는 듯 저와 아벨을 함께 부둥켜 안았습니다. 그렇게 앉아 한참 통곡을 하고 있는데 설상가상 저편 어두운 구석에서 가인이 그 모습을 드러내었습니다. 그의 몸 여기 저기에 멍든 자국과 상처가 나 있었고, 얼굴은 백지장처럼 하얗게 질려 있었으며 그의 이마에는 또렷한 화상 자국이 있었습니다.

그는 거기에 말 없이 조용히 서 있었습니다. 나를 똑바로 쳐다보지 못하고 내 눈을 피하는 가인의 모습. 그 순간 전 무슨 일이 일어났는지 깨달았습니다. 그리고 이상하게도 갑자기 에덴 동산에 있었던 그 혐오스러운 뱀의 눈빛이 떠올랐습니다.

"나라고 동생을 사랑하지 않았다고 생각하세요? 내가 이렇게 되기를 원했다고 생각하세요?" 가인은 매우 화가 난 듯 우리에게 퍼부었습니다. 하지만 전 한마디도 말을 할 수 없었습니다. 무언가 말을 하고 싶었지만 머릿속이 하얘진 듯 아무 생각도 나지 않았으니까요.

조금 전까지 부지런히 사체 위를 날던 독수리들도 어느덧 저 멀리 있는 높은 나뭇가지 위에 앉아 마치 우리의 대화를 듣고 있는 듯 조용히 웅크리고 앉아 있었습니다.

“네 이마에 있는 화상은 무엇이냐?” 아담이 가인에게 물었습니다.

“하나님이 저를 보호해 주시겠다는 약속으로 주신 증표입니다.”

“하나님이 보호해 주신다니? 도대체 네가 무슨 짓을 한거냐?” 아담이 언성을 높이며 가인에게 물었습니다. 그러자 바로 그 순간 가인은 평생 제 마음을 갈기갈기 찢어 놓을 그 한 마디를 내뱉었습니다.

“내가 아벨을 죽였어요. 내가 내 동생을 죽였다구요.”

그 말을 듣자 저는 보이지 않는 손이 제 몸에 있는 뼈를 모두 비틀어 뽑아내는 것 같은 고통 때문에 숨이 막히는 것 같았습니다.

‘아니야. 제발. 네가 그랬다고는 말하지 말아주렴. 그건 사실이 아니라고 다시 말해주렴. 내 아들아’ 전 마음속으로 이렇게 부르짖었습니다.

“네가… 네가… 아벨을 죽였다고? 네가 죽.였.다.고? 왜? 도대체 왜?” 아담은 믿기지 않는 듯 다시 가인에게 다그쳐 물었습니다.

그러자 가인은 대답했습니다. “하나님께서 내가 바친 제물을 저주하셨기 때문이에요. 내가 이 형편없는 땅을 경작해서 꽤 쓸만한 땅으로 만들었다는 사실을 하나님께서 인정해 주시지 않았다구요. 하나님은 동물만 원하셨어요. 그래서 아벨이 바친 양 일곱 마리만 받아주시고 제가 추수해서 드린 곡식은 받지 않으셨어요.”

저는 여전히 아벨의 죽음이 가져다 준 충격에 사로잡혀 가인이 무슨 말을 하고 있는지 도무지 알아들을 수가 없었습니다.

"네가 동생을 죽였다고?" 저는 혼잣말하듯 계속 이 말만 되풀이했습니다. "네가 동생을 죽였다고?"

그러자 가인은 저를 한 번 흘끗 쳐다보더니 휙 뒤돌아서서 이 자리를 떠났습니다. 그리고 그 이후로 가인은 다시 집에 돌아오지 않았습니다. 언젠가 가인이 놋의 땅에 머물고 있다는 소문만 들었을 뿐, 그로부터는 아무런 소식을 듣지 못했습니다.

저는 이날 두 아들을 모두 잃었습니다. 세상에서 가장 힘든 일이 부모가 자식을 잃는 것이라고 하는 이유를 알 것 같습니다. 왜냐하면 이 고통과 아픔은 세월이 흘러도 좀처럼 아물지 않기 때문입니다.

'내가 선악과를 먹지 않았다면 이런 끔찍한 일이 일어나지 않았을까? 내 아들들도 여전히 나와 함께 살고 있을까?' 저는 가끔 이런 생각을 하곤 합니다. 아마 제가 선악과에 손을 대지 않았다면 우린 아직 에덴 동산에 살고 있겠지요? 그리고 아벨도 죽지 않았을 것이고 또 가인도 저를 떠나지 않았을 거에요. 하지만 가인과 아벨 모두 에덴 동산에서 쫓겨난 이후에 낳은 아들들이니, 만약 아직 동산에 산다면 아들이 없었을지도 모릅니다.

에덴 동산에서의 삶을 생각하다 보니 또 다시 궁금해집니다. 왜 하나님께서 선악과만은 허락하지 않으셨을까요? 뱀은 에덴 동산에서 무슨 짓을 하고 있었던 걸까요? 하나님은 원래부터 우리에게 자녀를 주실 계획이 있었던 걸까요? 그렇다면 왜 에덴 동산에서는 자녀를 주시지 않았을까요? 이런 질문들이 꼬리에 꼬리를 물다보니 제가 모르는 것 투성이라는 생각이 듭니다.

하지만 에덴 동산에서 살던 저의 모습과 지금 제 모습을 비교해 보면 그때는 아무것도 몰라도 마냥 행복한 어린 아이와 같았는데, 이곳 동산 밖에서 살면서 아담과 저 모두 많이 성장했다는 생각이 듭니다.

더 많이 알고 싶은 욕심에 흠 없는 선악과를 먹는 죄를 범하고 동산에서 쫓겨났지만, 이를 통해 제가 알게 된 것은 제가 결점 투성이의 연약한 인간이라는 사실뿐입니다. 그리고 깨달았습니다. 하나님은 우리가 자유롭게 하나님을 선택할 수 있도록 선악과를 도구로 택하셨다는 사실을. 그리고 사단은 이러한 하나님의 선하신 뜻을 무너뜨리려고 거짓말로 저를 유혹했다는 사실을요.

이제 선악과가 있는 에덴 동산에서 하나님과 함께 거하지는 못하지만 하나님은 여전히 우리에게 묻고 생각하고 결정할 수 있는 능력을 허락하셨습니다. 또 유혹에 빠지고 실패를 해도 다시 일어설 수 있는 능력을 주셨음을 알기에 그분께 감사를 드립니다. 그리고 무엇보다도 우리가 이곳에 살면서도 서로 사랑을 주고받는 존재로 살아갈 수 있게 해 주심에 감사와 찬양을 드릴 뿐입니다.

하와가 오늘날 우리에게 주는 교훈

단호하고, 결단력이 있으며 호기심이 많고 때로는 반항적이기도 한 하와는 인류사의 첫 여인으로 그리고 하나님께 범죄한 첫 인간으로 우리에게 늘 기억될 것이다. 우리 모두가 그렇듯, 그녀는 강점과 약점을 모두 지니고 있었다. 그녀는 유혹에 넘어갔고 범죄하였다. 하지만 그런 상황에서도 그녀는 꿋꿋이 삶을 헤쳐 나갔다. 그녀는 고통과 아픔을 알았지만 그것을 참고 인내할 줄도 알았다. 우리도 마찬가지로 우리가 내린 선택으로 인해 어렵고 고된 인생을 살 수도 있다. 하지만 하와가 그녀의 삶을 통해 발견한 것처럼 어떤 상황에서도 하나님은 우리를 결코 버리지 않으신다.

••• 하와에게서 배울 수 있는 점들

- 하와가 선악과를 따 먹은 일은 인간이 하나님으로부터 분리되는 것을 상징한다. 당신의 삶에도 하와와 같이 죄를 범하고 그로 인해 고통을 당한 순간들이 있었는가? 만약 그렇다면, 그 순간에 하나님께서 당신에게 어떻게 반응하셨는지 생각해보라. 이에 대한 당신의 반응은 어떠하였는가?

- 창세기 3장 1절을 보면 뱀은 동산에서 가장 간교한 짐승이었다고 기록되어 있다. 오랫동안 사람들은 뱀(혹은 사단)을 남성화 시켜왔다. 하지만 실재로 뱀이 어떤 모양을 가지고 있었는지, 남성인지 여성인지 아무도 정확히 모른다. 그럼에도 불구하고 한가지 확실한 사실은, 마치 어린 아이를 유괴하는 납치범들이 그러하듯이, 뱀이 매우 믿음직스럽고 친근한 모습으로 하와에게 접근했을 것이라는 점이다. 이러한 사실은 당신이 사단이라는 존재에 대해 갖고 있는 생각에 잘 부합 하는가, 그렇지 않은가? 사단이 하나님을 대적하기 위해 세상 속에서 어떻게 일하고 있다고 생각하는가? 그리고 이에 대한 당신의 반응은 어떠한가?

- 에덴 동산은 종종 낙원으로 그려진다. 만약 아담과 하와가 선악과를 먹지 않고 그곳에서 계속 살았더라면 어떠하였을까? 그들은 어른답고 성숙하게 살아갈 수 있었을까? 이에 대해 당신은 어떻게 생각하는가?

- 비록 하와는 최초로 범죄한 사람이지만 하와에게서 찾아 볼 수 있는 긍정적인 성품은 무엇인가? 그리고 이러한 성품이 기독교 신앙의 기초에 어떤 영향을 미쳤다고 생각하는가?

하와에 대해 좀 더 알고 싶으시면 뒤에 있는 부록 277면을 참조하세요

세 번째 이야기

사라

3

사라

- 적극성
- 진취성
- 쾌활함
- 도전정신
- 담대함

관련 성경 구절 : 창세기 12-23장

배경 : 페르시아만과 지중해 사이의 광야 지대 기원전 1900-1860년경

이야기의 중요성 :

믿음의 조상인 아브라함의 아내이자 열국의 어머니인 사라는 그녀의 여종인 하갈이 이스마엘을 낳는데 결정적인 역할을 하였고 이삭의 출생에 대한 예언의 말을 전해 듣고 웃는다.

사라_ 웃는다고 달라질 건 없어

이 세상에는 두 종류의 사람들이 있습니다. 하나는 자연의 순리에 따라 평범하게 살다가 때가 되면 숨을 거두는 사람들이고, 또 다른 부류는 나이 들어 몸이 약해지고 주름이 생기기 시작해서야 비로소 제대로 인생을 시작하는 사람들입니다.

제 경우는 후자입니다. 제가 꽤 늙고 나서야 하나님이 제 인생에 개입하시기 시작했으니까요. 그게 무슨 말이냐고요? 제가 아흔 살이 되었을 때 제 인생에서 기적이 일어나기 시작했어요. 예, 맞아요, 아흔 살이요. 저는 지난 25년 동안 남편을 따라 이곳저곳을 옮겨 다니며 살았는데 그러다 보니 어느덧 아흔 살이 되었습니다. 25년 동안 떠돌이 인생을 살면서 때로는 하나님의 인도하심에 대해 의문을 품기도 했지요. 그래도 우린 믿음을 지키기 위해 애쓰며 열심히 살았습니다.

최종 목적지가 어디였냐구요? 그건 저에게도 늘 의문이었답니다. 딱 한 가지 분명한 사실은 제 남편 아브라함이 75세가 되었을 때 하나님이 그에게 말씀하셨다는 사실입니다. 그건 꿈이나 환상이 아니라. 하나님께서 확실하게 내리신 명령이 분명했습니다.

"아브라함. 너는 너의 고향을 떠나야 한다. 그리고 내가 네게 지시할 땅으로 가거라. 내가 너를 큰 민족의 조상이 되게 할 것이고 너로 인해 열방이 축복을 받을 것이다."

이 계시를 받은 날 저녁 아브라함은 저에게 아무렇지도 않은 듯 이 말을 했어요. 마치 그가 가장 좋아하는 양고기 스프를 한 접시 더 달라고 할 때처럼 가볍게 말이에요.

"여보, 하나님께서 우리가 이 땅을 떠나기를 원하시오. 그러면 우리에게 나아 갈 새 땅을 보여주시겠다고 말씀하셨소. 그리고 장차 내가 큰 민족의 조상이 되게 하신다 하셨소."

저는 의심스러운 눈초리로 그를 바라보았습니다. 나이가 들면서 아브라함이 조금 이상해지는 것이 아닌가 싶었거든요.

"큰 민족의 조상이라" 그는 계속 혼자 중얼거렸어요.

'큰 민족의 조상?' 아브라함이 중얼거리는 소리를 듣고 저는 무심코 65세가 되어 이미 폐경이 오고 살가죽이 쳐지기 시작한 제 몸뚱이를 슬쩍 바라보았습니다. 큰 민족의 조상이 되기는커녕 한 아이도 낳을 수 없이 메말라 버린 제 몸을 말입니다.

물론 아브라함과 저는 서로 깊이 사랑했습니다. 하지만 우리에게는 자녀가 없었습니다. 비록 제가 이 세상에서 가장 원했던 단 한 가지는 바로 아이를 갖는 것뿐이었는데 말이에요. 그리고 아이를 낳지 못하는 여자란 저주 받은 여자요, 아무 쓸모도 없는 존재라는 사실이 저를 늘 아프고 힘들게 했습니다.

아브라함과 사라는 이미 나이가 많아 늙었고 사라는 아이를 낳을 수 있는 시기가 지난 상태였습니다. (창세기 18:11)

제가 아는 여자들 중에 아이를 낳지 못하는 여자는 저 하나 밖에 없었습니다. 자녀를 갖지 못하는 것은 물론 저의 문제이지 아브라함의 문제는 아니였어요. 왜 하나님께서는 제게 이런 벌을 주신 걸까요?

비록 아이가 없지만 제 남편 아브라함은 한 번도 저를 실망시킨 적이 없었습니다. 다른 여자를 만나거나 다른 아내를 취하지도 않았고, 또 지난 25년 동안 많은 곳을 여행했지만 그는 단 한 번도 동네 술집에서 밤을 지낸 적도 없었어요. 제가 어떻게 아냐고요? 그냥 여자의 직감이라고나 할까요? 제 피부가 마르기 시작하고 머리털은 희끗희끗해져도 아브라함은 늘 제가 세상에서 가장 아름답고 매력적인 여인이라고 말해주었습니다. 그이는 정말로 그렇게 믿고 있었어요. 저도 그랬고요. 지금도 그는 언제나 부드럽고 사랑이 가득한 눈으로 저를 바라본답니다.

물론 그의 시력은 예전과 다르게 많이 약해져서, 맑은 밤하늘에서 반짝반짝 빛나는 별을 볼 때도 왜 별 주위에 별무리가 지는지 의아해 하곤 합니다. 비단 시력 뿐이 아니에요. 이제 점점 나이가 들어가면서 그는 좀 더 많이 쉬고 싶어 하고 또 아침에 일어나서도 일상 생활을 준비하는데 예전보다 시간이 더 많이 걸립니다. 이것은 물론 저도 마찬가지구요.

남들 보기에 우리 부부는 이제 살 날이 많이 남지 않은 두 노인네에 불과하겠지요. 그런데 이런 노인네들이 새로운 삶을 찾아 광야 길로 떠난다고 했을 때 아마 모두들 미쳤다고 생각했을 거에요. 하지만 전 저의 남편 아브라함이 늙었다고 생각해 본적이 한 번도 없었어요. 그래서 그가 나이 75세에 새롭게 모험을 시작하자고 했을 때 그를 따라 나설 수 있었습니다.

"하나님이 우리에게 이곳을 당장 떠나라고 하시는구려" 저녁 식사를 마치고 그가 다시 한 번 말했습니다.

그리고 우리는 순종했습니다. 주변 친척들 모두에게 작별을 고한 후 짐을 모두 꾸리고 집에서 치던 양과 염소 떼, 함께 살았던 하인들, 그리고 우리를 따라가겠다고 나선 몇몇 무모한 친척들과 함께 바로 고향에서 출발했습니다.

여정을 시작한 이후 우리는 수년 동안 정처 없이 떠돌아다니며 광야와 사막을 지났습니다. 그 동안 여러 번 기근과 역경을 겪었습니다. 우리가 어디로 가고 있는지 아브라함에게는 분명해 보였는지 몰라도 저에게는 아니었습니다. 그가 밤하늘을 바라보며 다음 날 나아 길 방향을 유심히 살피고 있을 때면 저도 그의 옆에서서 함께 밤하늘을 바라보았죠. 우리를 통해 한 민족을 세우시겠다는 하나님의 약속에 대해 궁금해 하면서요.

하지만 고향을 떠나온 지 10년이 더 지나도록 이 약속에 대해 아무 증거도 보이지 않자 전 조금씩 희망을 잃기 시작했습니다.

그러던 어느 날 불현듯 한 가지 생각이 제 머리를 스쳐 갔는데, 마치 사막의 쌀쌀한 저녁 바람같이 정신이 번쩍 들게 하는 그런 생각이었어요. '하나님의 약속에 우리 두 사람 모두가 포함되었던 것은 아니야.'

"여보, 하나님이 처음에 당신에게 뭐라고 말씀하셨다고 했지요?" 저는 옆에 있던 아브라함에게 물었습니다.

"내가 한 민족의 조상이 될 거라고 말씀하셨소. 하나님께서는 내 자손을 하늘에 떠 있는 수 많은 별들처럼 창대하게 해 주신다고 하셨지."

저는 그의 말을 곰곰이 다시 생각해 보았습니다. 하지만 생각하면 생각할수록 점점 더 우울해졌습니다. 왜냐하면 하나님의 약속에는 제 이름이 들어가 있지 않았으니까요.

'어쩌면 나는 이렇게 어리석었지? 이 나이에 아이를 낳아 키울 생각을 하다니. 어째서 지금까지 아브라함이 내가 낳은 아이를 통해서만 한 민족의 조상이 될 거라고 생각하고 있었던 걸까?'

생각이 여기에 미치자 한 가지 방법이 생각이 났습니다. 물론 썩 달가운 것은 아니었지만요. 생각해보면 이 방법은 꽤 오랫동안 늘 제 마음 한 구석에 자리 잡고 있었던 것 같아요. 만약 내 몸종이 아브라함의 아이를 낳으면 우리 관습에 따라, 그 아이는 법적으로 내 자식이 될 수 있었습니다. 그러니까 제 몸종이 아이를 낳으면, 아브라함은 아버지가 되고 나는 어머니가 될 수 있었지요. 그리고 이를 통해 하나님의 계획이 성취가 될 수 있었습니다. 생각이 여기에 미치자 저는 그때부터 우리와 함께 지내는 여종들을 한명 한명 찬찬히 살피기 시작했습니다.

그 동안 전 그 누구와도 아브라함을 나누어 가지지 않았습니다. 그는 늘 제 남자였고 오직 제게만 속한 사람이었어요. 하지만 하나님께서는 셀 수도 없을 만큼 자손을 많이 주겠다고 우리에게 약속하셨어요.

이러한 하나님의 뜻이 이루어지기 위해 전 나름대로의 계획을 세웠고 또 이것이 최선의 방법이라 믿었습니다. 그래서 마침내 저는 내 몸종 중 하나였던 하갈을 선택해서 아브라함에게 그의 침소에 들어가라고 했습니다.

하갈은 책임감도 있고 성격도 좋았어요. 그리고 흠이 없고 매끄러운 피부를 한 이집트 출신의 여인이었죠. 물론 전 내 남편이 그녀의 매끄러운 피부를 만지는 모습을 상상조차 하기 싫었어요. 단지 관습에 따라 그녀가 아들을 낳으면 그 아들은 우리 부부의 아들이 될 것이고 그렇게 되면 하나님의 계획도 또 나의 숙원도 모두 이루어 질 것이라는 사실에만 집중하려고 노력했습니다.

하지만 아브라함이 그녀의 장막에 들어가는 것을 보려니 너무 괴로웠습니다. 물론 전 태연한 척 하려고 무진 애를 썼지만 그가 정확히 언제 장막에 들어가는지 또 거기서 무엇을 하고 있을지 다 알고 있었죠. 아브라함이 하갈의 침소에서 나와 저와 함께 누울 때면 전 제 자신이 마치 곧 내다버려야 하는 메마른 풀 같다는 생각이 들었어요.

이런 저의 기분을 알아챈 듯 아브라함은 저를 꼬옥 안아주면서 제가 그의 유일한 사랑이며 그가 하갈과 잠자리를 하는 이유는 단순히 아이를 갖기 위해서일뿐이라고 늘 말하곤 했습니다. 하지만 그의 노력은 별로 도움이 되지 않았어요. 물론 주변에는 두 세 명의 부인들이 한 남편과 사는 경우도 흔했습니다. 그에 비하면 이런 일쯤은 아무것도 아닌 것처럼 보이겠지만 사실 제가 상상했던 것 보다 훨씬 더 고통스러웠습니다.

그러던 어느 날 하갈이 임신했다는 소식이 들렸습니다. 그녀가 곧 아브라함의 아이를 낳을 것이고 마침내 제가 엄마가 된다니. 이 얼마나 기다렸던 소식이었는지요.

그런데 이상하게도 마땅히 나를 기쁘게 해 주어야 할 하갈의 임신 소식에 즐겁기 보다는 이것이 아브라함과 하갈이 동침해서 맺은 열매라는 생각에 괴로웠습니다. 물론 이것은 처음부터 저의 생각이었고, 하갈은 단지 저의 명령에 순종했을 뿐입니다. 그리고 아브라함이 늘 말하듯 하갈과의 동침은 사랑이 아니라 자녀를 갖기 위한 수단일 뿐이었다는 사실도 잘 알고 있었어요. 하지만 이 생각이 들 때마다 전 어두운 곳에 홀로 버려진 외톨이라는 생각에 우울한 마음을 떨칠 수가 없었습니다.

또 한가지 제가 참기 힘들었던 것은 시간이 지날수록, 저를 바라보는 하갈의 표정에서 나를 향한 경멸과 조소를 느꼈다는 사실입니다. 임신한 이후 그녀는 매우 오만해져서는 제게 대적하기 시작했죠. 제가 아브라함에게 주지 못했던 아이를 자신이 주었다는 자만심으로 가득했습니다. 이러한 그녀의 모습에 전 더 이상 견딜 수가 없어서 어느 날 그녀에게 손찌검을 하고 말았습니다.

"난 하갈에게 당신과 동침할 수 있는 특권을 주었어요." 그날 저녁 전 아브라함에게 소리치며 말했습니다.

"그런데 저 여종이 이제 당신의 아이를 가졌다고 나를 무시해요."

그리고는 생각지도 않았던 말이 제 입에서 불쑥 터져 나왔습니다.

"하나님께서 당신이 이 일에 대해 책임지게 하실 거예요."

도대체 이런 생각이 어디서 온 걸까요? 하나님이 왜 아브라함에게 이 일에 대해 책임을 물으셔야 하겠어요? 이 일은 전적으로 저의 생각이었는데 말이에요. 물론 아브라함에게도 책임이 아주 없는 것은 아니었어요. 제가 이것을 제안했을 때, 정말로 저를 사랑한다면, 하갈과 동침하지 않겠다고 거절할 수도 있었으니까요. 그러고보니 혹시 아브라함도 마음속으로는 하갈을 원하고 있었던 것은 아닐까라는 의문이 들기 시작했습니다.

이렇게 갈등하는 저를 물끄러미 바라보던 아브라함은 두 손으로 내 얼굴을 꼭 잡고는 이렇게 말했습니다. "하갈은 당신의 여종이오. 당신이 하고 싶은 대로 하구려."

다음 날 아침 저는 여전히 오만하고 건방진 태도로 저를 대하는 하갈을 사막으로 내쫓아 버렸습니다. 그녀가 내게 조금이라도 미안해하는 기색을 보였다면, 그녀를 용서했을지도 몰라요. 그녀의 아이를 내 아이처럼 키우면서 말입니다. 하지만 그녀의 오만방자함을 더 이상 눈뜨고 볼 수가 없었어요. 사실 다른 여종들도 그녀와 한패가 되어 제가 보이지 않는 곳에서 마음껏 제 험담을 한다는 사실도 알고 있었습니다. 하갈을 내치는 저를 보며 성질 고약한 늙은 할멈이라고 또 욕을 했을지도 모릅니다.

그러나 며칠이 지나지 않아 하갈은 용서를 구하며 다시 장막으로 돌아왔습니다. 그리고 몇 달 후에는 아들을 낳았고, 아브라함은 아이에게 이스마엘이란 이름을 지어 주었어요. 이 아이가 아브라함 곁에서 하나님의 약속을 이어 받을 장자로 무럭무럭 자라나고 있는 모습을 보려니 어쩐지 서운한 마음이 가시지 않았습니다. 비록 저는 아이를 낳지 못한다는 현실을 인정하려고 애를 썼지만 제 안에서 무언가 식지 않는 열망이 꿈틀거리는 것을 저도 주체할 수 없었습니다.

그리고 얼마 지나지 않아 이상한 사건 두 가지가 일어났습니다. 하나님께서 아브라함에게 계시의 말씀을 새로 주셨는데 그가 한 민족이 아닌 여러 민족의 조상이 될 것이라는 말씀이었습니다. 그리고 하나님께서 "내가 사라를 통해 네게 아들을 줄 것이다. 사라는 여러 민족의 어머니가 될 것이고 민족의 왕들이 그에게서 나리라" 라고 약속을 하셨다는 것입니다. 하나님의 언약 속에 내 이름도 들어 있다는 사실을 마침내 알게 되자 마음 한 편으로는 큰 위로가 되었습니다.

하나님께서 다시 아브라함에게 말씀하셨습니다. "이제 네 아내 사래에 대해 말한다 …… 내가 그녀에게 복을 주어 반드시 그녀를 통해서 네 아들을 낳아 주게 하겠다. 또한 그녀에게 복을 주어 많은 나라들의 어머니가 되게 하고 나라의 왕들이 그녀에게서 나오게 하겠다. (창세기 17:15–16)

그런데 아브라함은 이 말씀을 듣고 저절로 웃음이 나오더라는 말을 했습니다. 그가 웃었다는 말을 듣자 제 심장은 쿵 하고 내려앉는 것 같았어요. 제가 스스로에 대해 믿음을 잃는 것은 그래도 견딜 수 있었지만, 내가 믿고 사랑하는 아브라함까지 나를 포기했구나 라는 생각이 들자 매우 섭섭했기 때문입니다.

이 언약의 말씀을 받고 난 후, 또 여러 해가 지나갔지만 약속하신 아들은 생기지 않았습니다. 그렇게 하루하루 살아가던 어느 날 손님 세 분이 마치 모래 사막에서 불쑥 튀어 나온 것처럼 갑자기 우리를 찾아 왔습니다. 25년 만에 처음으로 맞는 손님이라 우리에게는 무척이나 흥분되는 일이었습니다.

이 지역에서는 손님 접대를 매우 중요한 집안 행사로 여깁니다. 그래서 손님을 맞이하는 집의 주인은 하던 일을 모두 멈추고, 자신이 가진 최상의 것으로 손님들을 대접해야 했습니다. 그리고 손님들이 장막에 머무르는 동안 그들이 안전하게 지내도록 최선을 다해야 했습니다. 때로는 자신의 목숨을 걸고서라도 말입니다.

아브라함도 마찬가지였습니다. 손님들이 오자, 그는 연약해진 다리로 분주히 돌아다니며 최선을 다해 손님을 맞았습니다. 손님들을 위해 저녁 식사를 준비하려고 집에서 키우는 양들 중에 최상급을 골라 하인들이 정성껏 요리하도록 했습니다. 아브라함이 손님들과 함께 장막 안에 들어가 있을 때 저는 살금살금 장막 뒤쪽으로 물러나 그들이 나누는 대화에 귀를 기울였습니다. 특히 그들이 대화하던 중에 제 이름이 나오자 저는 마치 거미가 거미집을 치듯 조심조심 천막 가까이로 다가가 그들이 나누는 말을 들었습니다.

“우리가 일 년 후에 다시 올 것이오” 손님 중 한 남자가 말했습니다. “그리고 그때쯤 사라가 아들을 낳을 것이오.”

‘뭐라고? 아들이라고?’ 저는 순간 90세 먹은 제 몸을 부끄러운 듯 흘끔 쳐다 보았습니다. ‘아들이라니! 내가 이 몸으로 아이를 배고 낳을 거라고? 그 일은 이미 오래 전에 포기했잖아 ! 지금껏 내 기도에 응답해 주시지 않더니 왜 이제야 응답을 해 주신다는 걸까? 물론 아브라함과 나는 여전히 부부생활을 하고 있지만 내 몸은 이미 마른 자두 같은 걸’

축 늘어진 제 몸에서 작은 자두가 나오는 우스꽝스러운 장면을 상상하자 참을 겨를도 없이 갑자기 웃음이 터져 나왔습니다. 오랜 세월이 지나 이제는 쭈글쭈글해진 내 몸에서 아들이 태어날 거라는 말은 마치 모래알 속에서 낙타 새끼가 태어날 거라는 말처럼 터무니없는 일이라고 생각했습니다. 처음에는 그저 킥킥 거리며 웃었지만 이러한 생각이 계속되자 나중에는 너무 우스운 나머지 몸을 주체할 수 없을 정도가 되었습니다.

그래서 사라는 속으로 웃으면서 말했습니다. "내가 이렇게 늙어서 기력이 없고 내 주인도 늙었는데 내게 과연 그런 기쁜 일이 있겠는가?" (창세기 18:12)

그렇게 한참을 웃고 있는데 갑자기 장막 내부에서 대화가 뚝 끊기고 침묵이 흘렀습니다. 제가 대화를 몰래 엿듣고 있다가 웃음을 터뜨렸다는 사실이 모두 들통이 난 것입니다. 이것은 상상조차 할 수 없을 정도로 아주 무례한 행동이었기에 저는 매우 당황했습니다. 마침내 아브라함이 저를 부르는 소리를 듣고 저는 조심스레 장막으로 들어갔습니다. 그러자 손님 중 한 명이 아브라함에게 물었습니다. "당신의 아내가 왜 웃고 있었습니까?" 그러자 아브라함은 저를 보며 물었습니다. "당신 왜 웃었소?" 전 너무나 긴장한 나머지 오히려 제 작은 몸을 꼿꼿이 세우며 말했어요.

"저는 웃지 않았어요"

"우리가 당신이 웃는 소리를 들었는데도"

"안 그랬어요."

아, 정말 끔찍한 날이었습니다. 남의 대화를 엿듣는 것도 모자라 이제는 거짓말까지. 아브라함은 이 일 때문에 저에게 매우 화가 났고 저도 제 자신이 무척 부끄럽고 원망스러웠습니다. 그런데 한참 후에 정신을 차리고 보니 이미 손님들은 장막을 떠나고 없었습니다.

손님들 세 분이 그렇게 떠나고 일 년이 지난 후, 정말로 기적 같은 일이 일어났습니다. 작년에 찾아왔던 손님들이 말한 대로 제가 진짜 아들을 낳은 것입니다. 나이 90세가 되어서야 난생 처음 산모가 되다니. 이것은 정말 놀라운 일이었습니다. 이삭을 낳고서야 비로소 작년에 우리를 방문했던 그 손님 세 분은 하나님이 보내신 천사들이었다는 사실을 깨닫게 되었습니다. 우리는 이 아이의 이름을 '이삭'이라고 지었는데 이것은 '웃음' 이라는 뜻입니다.

이삭이 성장하면서 점차 이스마엘의 존재가 부담스러웠습니다. 거의 백 년을 기다려 얻은 이 귀한 아들 대신 여종 하갈의 아들이 장자권을 차지할 수도 있고, 또 이 두 아들이 아브라함의 기업을 함께 나누어 가져야 한다고 생각하니 점점 견디기 어려웠습니다.

전 아브라함과 함께 이 일에 대해 의논을 했고, 얼마 후 아브라함은 하갈과 이스마엘을 떠나보내겠다는 중대한 결정을 내렸습니다. 저는 이제 더 이상 하갈과 그의 아들을 내 집에서 보지 않아도 된다는 사실에 마음이 놓이면서도 동시에 미안한 생각도 들었습니다. 그래서 하나님이 이들을 언제 어디서나 지켜주시라고 기도했습니다. 비록 이 모든 문제는 저의 어리석음과 불신앙 때문에 시작 되었지만 그럼에도 불구하고 하나님께서는 모든 상황 가운데 그분의 선하신 뜻과 계획을 이루신다는 사실을 믿기 때문입니다.

> 사라가 말했습니다 "하나님께서 나로 웃게 하시니 이 소식을 듣는 사람이 다 나와 함께 웃을 것이다…… 사라가 자식에게 젖을 먹일 것이라고 누가 아브라함에게 말할 수 있었겠는가? 그러나 내가 늙은 아브라함에게 아들을 낳아 주었도다" (창세기 21:6-7)

이후에 이삭은 장성하여 가정을 이루었고 이삭의 자녀들과 그 후손들은 점차 창대하여져서 하늘의 별처럼 많아졌습니다. 그리고 하나님의 말씀대로 저는 열국의 어미요 열왕의 뿌리가 되어 이스라엘의 위대한 왕인 다윗과 솔로몬 그리고 왕 중의 왕이신 예수님이 저의 후손으로 오시게 되었습니다.

하갈의 이야기

저의 여주인 사라는 제가 오만하고 그녀를 무시하며 또 주제넘게 행동 한다고 말씀하셨어요.

사실 제가 잠시 동안은 그랬을지도 모릅니다. 제 몸 안에서 새로운 생명이 자라고 있다는 사실은 제 인생에서 가장 기쁘고 놀라운 일이었으니까요. 밥을 짓고 청소를 할 때에도 전 마치 구름 위를 둥둥 떠다니는 것 같았습니다.

게다가 제 몸속에서 자라고 있는 아이는 저의 주인님인 아브라함의 아이였으니 이는 더욱 특별한 일이었어요. 어떤 사람들은 아브라함이 좀 차가운 사람이라고 생각했지만 전 그렇게 생각하지 않았습니다. 저는 그분이 늘 하나님과 동행하는 분이라는 사실을 잘 알고 있었어요. 가끔 그분은 하나님과 더 깊이 교제하기 위해서 며칠간 집을 떠나 한적한 곳으로 가시곤 했지요. 그리고 여행에서 돌아오실 때면, 그분의 모습은 맑고 시원한 생명수를 마신 것처럼 늘 새로워져 있었습니다.

저의 여주인인 사라가 저에게 그분과 동침하도록 했을 때, 이 결정이 그녀에게 얼마나 힘들었을까 잠시 생각해 보았어요. 물론 아브라함이 저를 사랑하지 않았다는 사실을 저도 잘 알고 있습니다. 사라만이 그분의 유일하고 또 진정한 사랑이었죠. 전 아브라함이 저를 친절하고 정중하게 대해 주신 것만으로도 너무나 감사했습니다.

왜냐하면 저를 그렇게 대해 주는 남자들은 거의 없었으니까요. 제가 그분에게 조금이나마 도움이 되었다는 사실만으로 그저 감사할 따름입니다. 잠자리에서도 아브라함은 저에게 어떤 것도 강요하지 않았습니다. 저는 그 분의 여종이니 그랬다고 해도 아무 문제가 되지 않았을 텐데도 말이죠. 그리고 제가 아이를 낳으면 그 아이는 엄연히 아브라함과 사라의 자녀가 되는 것이지 저의 아이는 아니었습니다. 저에겐 자녀를 요구할 법적 권리가 없었습니다.

전 맨 처음 아브라함이 저의 침실에 들어온 날을 기억합니다. 그 분은 먼저 저에게 이런 저런 질문을 하셨지요. 이것은 제가 기대하지도 못한 특별한 선물이었습니다. 얼마 지나서 긴장을 풀기 위해 심호흡을 하고 저는 천천히 옷을 벗었습니다. 그때까지 전 처녀였기 때문에 무엇을 해야 하는지 아무것도 몰랐어요. 이러한 저를 아브라함은 따뜻하게 배려해 주셨어요. 그리고 날이 밝자 그분은 저의 장막을 떠나셨습니다. 그 후 여러 달 동안 이러한 만남이 계속되면서 전 어느덧 주인인 아브라함과 함께 시간을 보내는 것에 익숙해 졌고, 다음 만남을 설레며 기다리게 되었습니다. 이러한 제 마음이 제 눈빛을 통해 드러났을까요?

그리고 얼마 후 제가 임신 했다는 사실을 알게 되었습니다. 이 소식을 사라에게 전하기 위해 저는 달려갔습니다. 임신 소식에 뛸 듯이 기뻐할 여주인 사라의 모습을 상상하면서요. 사실 전 처음부터 뱃속의 아이가 아들일거라 직감 했어요. 그리고 이것이 바로 사라가 바라던 일이었습니다.

하지만 제가 임신 했다는 소식을 사라에게 전했을 때 뜻밖에도 우리 사이에 차갑게 정적이 흘렀습니다.

사라의 눈에는 고뇌의 흔적이 역력했습니다. 전 이 기쁜 소식을 전하면서 하마터면 사라를 껴안고 춤이라도 출 뻔 했는데 예상하지 못했던 그녀의 반응에 그저 조용히 그녀를 바라보았습니다.

눈에 쉽게 보이지 않는 불씨도 숲을 태울 수 있다는 말처럼 저를 향한 사라의 차가운 태도 속에 왠지 모를 분노와 격정이 느껴졌습니다. 그리고 저의 배가 점점 불러오면서 그녀가 저에게 화를 내고 꾸중을 하는 경우가 점점 많아졌습니다.

사실 임신을 한 이후 저는 아이에게 너무 몰두한 나머지, 제가 해야 할 집안일을 소홀히 할 때가 많았습니다. 아이가 뱃속에서 꿈틀거리는 것을 느낄 때면 전 아이와 함께 춤을 추기 위해 일손을 잠시 멈추곤 했습니다. 늘 혼자라서 외로웠던 저에게 함께 춤을 출 수 있는 누군가가 생겼다는 사실이 너무나 기쁘고 흥분되었기 때문입니다.

이러한 저를 보면서 사라의 분노는 점점 커졌고, 때때로 저는 신변의 위협마저 느끼기도 했습니다. 그러던 어느 날 사라가 저의 등을 후려치며 당장 집에서 나가라고 독하게 말했고 전 바로 집에서 도망쳐 나와 한없이 걷기 시작했습니다. '난 이집트 출신이니까 이집트로 향하는 무역상을 만나면 함께 떠나버리면 돼'라고 순진하게 생각 하면서 말입니다. 어둡고 추운 밤을 지내면서 전 비로소 제가 어리석은 결정을 내렸다는 사실을 깨닫게 되었습니다.

그 때 "하갈, 집으로 돌아가라."라는 음성이 하늘에서부터 들려왔습니다. "지금은 너의 여주인 사라에게 무조건 복종하여라." 그 음성을 듣고 전 다시 집을 향해 돌아섰습니다.

그 후 얼마가 지나고 저는 아들을 출산하였고 아브라함은 이 아이의 이름을 이스마엘이라고 지었습니다. 이 아기를 제 품에 안을 때면 제가 세상에서 가장 사랑스러운 사람을 안고 있다는 생각이 들었습니다.

그 후 몇 년 동안 전 사라가 이 아이를 사랑하기 위해 애쓰고 노력하는 모습을 지켜보았습니다. 이스마엘을 데리고 밖으로 나가기도 하고, 함께 놀아주며 또 하나님에 대해서도 가르쳐 주었죠. 하지만 이스마엘은 저를 더 좋아했습니다. 내 곁에 있을 때에 아이는 마음껏 웃고 소리 지르며 뛰어다녔습니다.

세월이 흘러 내 여주인 사라가 이삭을 낳았고, 이삭이 자라나면서 아브라함과 사라는 아주 중대한 결정을 내렸어요. 사실 이삭이 태어난 후 사라는 과거 자신이 한 결정에 대해 매우 후회하는 듯 보였습니다. 아브라함이 저와 동침을 하지 않았다면, 이스마엘이 태어나지 않았더라면 얼마나 좋을까 생각하는 것 같았어요. 아브라함은 저에게 미안한 마음을 갖고 있는 것 같았지만 그래도 저와 이스마엘에 대한 모든 결정권을 사라에게 주었습니다.

어느 날 아침 아브라함은 나귀에 먹을 것과 마실 것을 비롯해 필요한 짐을 모두 가득 실은 후 저와 이스마엘을 그 나귀에 태워 광야로 떠나보냈습니다. 가지고 온 양식은 사막을 여행하면서 곧 떨어졌고, 만약 하나님이 돌보아 주시지 않았다면 그리고 제가 일찌감치 이스마엘에게 사냥을 배우도록 하지 않았더라면 우린 사막에서 굶어 죽고 말았을 것입니다.

그 후로 이스마엘은 장성하여 이집트 여인을 아내로 삼았고 장차 북부 아랍 지역에 거주하는 민족의 조상이 되었습니다. 미천하기 짝이 없는 몸종에 불과한 저의 몸에서 이렇게 큰 인물이 나올 줄은 상상도 못했습니다.

> 하나님의 천사가 하늘에서 하갈을 불러 말했습니다. "하갈아, 네게 무슨 일이 있느냐? 하나님께서 저기 있는 아이의 소리를 들으셨으니 두려워하지 마라. 이제 일어나 가서 저 아이를 일으켜 그 손을 잡아라. 내가 그로 큰 나라를 이루게 하겠다. (창세기 21:17–18)

이스마엘은 제 인생의 가치를 완전히 바꾸어 놓았습니다. 저는 그저 아무런 목적도 없이 살다가 영원히 사라져 버리는 그런 존재가 아니라 한 사람의 어머니요 아브라함과 사라처럼 한 민족의 조상이 되었습니다. 사라가 죽은 후에 아브라함이 우리를 찾아왔습니다. 물론 제가 아니라 이스마엘을 보기 위해 온 것이었지요. 장성한 이스마엘을 바라보는 아브라함의 눈에는 자랑스러움이 가득했어요. 하지만 그의 눈빛에는 슬픈 기색도 조금 보였습니다. 아마 그때 우리를 떠나보낸 것을 조금은 후회해서 그런 것이 아닐까 하는 생각이 들었습니다.

전 이스마엘을 낳은 것을 결코 후회하지 않았습니다. 오히려 그는 제 인생에서 가장 큰 기쁨을 주었습니다. 세월이 흐르면서 전 더 이상 아브라함과 사라가 저와 이스마엘을 광야로 쫓아 버린 것을 원망하지 않게 되었습니다. 하나님께서 아무 것도 없는 광야 한가운데서 어떻게 새로운 일을 시작하시는지 직접 경험하면서 전 아브라함과 사라를 용서하게 되었고 또 모든 이해를 뛰어 넘는 평안을 얻게 되었습니다.

제가 사는 동안 사실 사라와 저의 관계는 좋지 않았습니다. 하지만 원하든 원하지 않든 우리의 아들들이 서로 피가 섞인 형제라는 사실에는 변함이 없습니다. 그래서 전 우리 아들 딸들이 그리고 계속해서 이 땅에 살아갈 그들의 자손들이 서로 평화롭게 살게 해 달라고 쉬지 않고 기도합니다.

사라의 이야기가 주는 교훈

사라의 이야기는 우리가 하나님의 나라를 이루고 그의 뜻을 이루는데 있어서 나이나 연약함은 문제가 되지 않는다는 사실을 보여준다. 사라는 나이가 들었다고 소극적이거나 수동적으로 살지 않고 오히려 하나님의 말씀에 순종하기 위해 위험을 감수하면서까지 믿음의 아들딸들로 이 세상을 가득 채우시고자 하는 하나님의 비전에 적극적으로 동참하였다.

●●● 사라에게서 무엇을 배울 수 있을까?

- 사라는 유머 감각이 넘치는 사람이었다. 그래서 90세에 아이를 낳을 것이라는 이야기를 엿듣고 웃음을 참지 못했다. 이러한 성격이 유목생활을 할 때 맞닥뜨리는 여러 가지 도전과 어려움을 극복하는데 도움이 되었을 것이다. 당신도 삶의 여러 가지 어려운 상황을 극복하는데 있어서 웃음과 유머가 도움이 되었던 경험이 있었는가? 만약 그렇지 않다면 어떻게 이러한 점을 배울 수 있을까?
- 어떤 사람들은 사라가 인내심이 부족해서 하나님의 언약을 충분히 오래 기다리지 못했다고 비판한다. 당신은 이 의견에 동의하는가, 그렇지 않은가? 그 이유는 무엇인가?
- 사라가 아브라함에게 하갈과 동침 하라고 권하고 나서 왜 고통스러워 했을까? 하나님은 하갈의 삶에 어떻게 역사하셨나?
- 유대교와 이슬람교는 아브라함과 사라로부터 시작되었다. 이들의 삶에 드러난 갈등과 연합을 다룬 본 장의 이야기가 오늘날 중동 지역의 상황을 이해하는데 어떤 도움을 주었는가? 이러한 이해를 현재의 상황에 어떻게 적용할 수 있을까?
- 사라의 이야기 속에는 웃음, 사랑, 질투, 분노와 같은 다양한 감정들이 가득하다. 이 이야기를 읽는 동안 사라나 혹은 성경 속에 나오는 다른 인물들에 대한 당신의 생각에 어떤 변화가 있었는가? 만약 그렇다면 그 변화가 어떤 것인가?

사라에 대해 좀 더 알 알고 싶으면 뒤에 있는 부록 279면을 참조하세요.

네 번째 이야기

드보라

드보라

- 예언가
- 담대함
- 결단력
- 용맹함
- 강인함

관련 성경 구절 : 사사기 4-5장

배경 : 기원전 12세기

이야기의 중요성 :

탁월한 지도자였던 드보라는 예언자인 동시에 사사이다. 그녀는 이스라엘 북부에 흩어져 살던 이스라엘 지파들을 결집시켜 1만 명의 군사를 동원하고, 함께 전쟁터로 나아가 큰 승리를 거둔 후 다시 고향에 돌아온다.

드보라_ 용사, 그리고 경건한 여인

최근에 일어난 암살 사건에 대해 알고 계십니까? 얼마 전, 우리 히브리인들에게 큰 고통과 두려움을 주었던 가나안의 군대 대장이 한 이스라엘 여인에 손에 끔찍하게 살해당했습니다. 그 여인은 천막을 치는 데 쓰는 말뚝으로 그의 관자놀이를 관통시켜 버렸죠. 사람을 죽이는 것은 결코 옳은 일이 아니지만, 이 군대 장관을 죽인 여인은 솔직히 저에게는 영웅이나 마찬가지입니다.

이 군대 장관이 죽기 바로 전에 치른 가나안 전투에서 사람들이 많이 죽었습니다. 그 전쟁을 이끈 장본인으로서 전쟁과 죽음만이 때로는 문제를 해결해주는 유일한 방법이라는 사실을 인정해야겠군요.

이 당시 이스라엘의 운명은 풍전등화와 같았습니다. 지금으로부터 약 백 년 전, 이스라엘 민족은 모세의 인도를 받아 이집트의 노예생활에서 해방되었습니다. 그 후 사십 년 동안 광야 생활이 계속된 끝에 마침내 여호수아가 이스라엘 백성들을 약속의 땅으로 데리고 들어갔습니다. 당시 여리고 성을 함락했을 때만해도 이스라엘 민족은 담대하고 강했으며 연합이 잘 되었고 하나님과 이웃에 대한 사랑을 실천하며 흔들림 없이 견고했습니다.

하지만 세월이 지나면서 사람들은 하나님께 죄를 짓기 시작하였고 또 이웃 사이에서도 범죄와 분쟁이 끊이지 않게 되었습니다. 모세가 시내산에서 내려와 처음으로 우리에게 가르쳐 준 계명이 '나는 너희를 이집트에서 구원하여 준 여호와 하나님이다. 나 이외에는 다른 신을 섬기지 말라'입니다. 하지만 시간이 지나면서 우리는 이 계명에서 점점 더 멀어지게 되었습니다. 사람들은 가나안 땅에 살면서 이방 신을 섬기는 사람을 만나 결혼 하는가 하면 바알과 아스다롯과 같은 이방신들을 섬기면서 점점 하나님을 떠나갔습니다. 이것은 우리를 지으시고 구원하신 창조주 하나님께서 결코 용납 할 수 없는 반역 행위였습니다.

하나님은 우리가 악한 통치자 밑에서 엄청난 고통을 받도록 하심으로써 우리가 저지른 범죄를 심판하셨습니다. 그 중에서도 하솔 지역을 통치하는 가나안 왕 야빈은 정말 악독한 인물이었죠. 그는 남녀노소 할 것 없이 모두를 혹독히 다루었습니다. 우리를 때리고, 죽이고, 고문하고, 노예처럼 부릴 뿐 아니라 아무렇지도 않게 아이들을 유괴해가는 등 우리를 굴복시키기 위해 할 수 있는 수단과 방법을 다 동원 했습니다. 그의 극악무도한 행동에 우리는 몹시 분노했지만 아무 힘없는 우리가 할 수 있는 일이라고는 그저 애통해 하는 것뿐이었습니다.

야빈 왕의 포악함은 제가 있는 지역에만 국한 된 것이 아니었습니다. 우리는 다른 마을에 사는 유대인들도 얼마나 끔찍하게 고통을 당하고 있는지 종종 들었습니다. 젊고 아리따운 처녀들은 강제로 끌려가 겁탈을 당해 이름도 모르는 남자의 아이를 임신하였고 희망이 가득해야 할 건장한 젊은이들은 잡초처럼 짓밟혔습니다.

이 당시에는 어떤 종류의 모임이나 집회도 허락하지 않았고 여행을 하는 것도 매우 위험한 일이었습니다. 그나마 물을 기르러 우물가를 찾은 사람들 끼리 잠시 함께 모여 이야기하는 것이 사람들이 누리는 유일한 낙이었습니다. 우물가에 함께 모여 앉아서 예전에 부르던 노래도 부르고 또 이곳에 나온 젊은이들에게는 여호와에 대한 믿음을 잃지 말라고 신신당부 했습니다.

하지만 요즘에는 우물가에서 부르는 노래 가락 조차 더욱 슬퍼졌습니다. 마치 우리는 소망과 꿈, 여호와께서 주신 언약까지도 모두 잃어버린 것 같았습니다.

우리가 처한 이 상황은 제 마음속 깊이 울분을 일으켰습니다. 저에게는 하나님이 주신 사사라는 직분이 있었고 사람들은 저를 '이스라엘의 어머니'라고 불렀습니다. 날마다 저는 에브라임 산간지대에 있는 커다란 종려나무 아래에 앉아 이스라엘 사람들이 가지고 오는 크고 작은 분쟁들을 해결해 주었습니다.

제 남편 랍비돗은 제가 있는 곳으로부터 그리 멀지 않은 곳에서 일을 했습니다. 아마도 사람들의 분쟁을 해결해 주다가 제가 혹시라도 위험한 일을 당하게 될까 하는 걱정 때문에 일부러 그랬던 것 같습니다.

제 아이들은 종종 제가 있는 곳과 아버지가 계신 일터를 찾아오곤 했습니다. 아이들이 즐겁게 재잘거리며 다가오는 소리를 들으면 매우 행복했어요. 하지만 동시에 이 아이들의 안전과 미래에 대해 늘 염려가 되었습니다. 점점 성장해 가는 딸들을 바라보면 얼마 전 아이들의 사촌인 미리암과 십보라에게 일어났던 일이 생각났습니다. 두 사촌은 두 달쯤 전에 바람도 쐬고 땔감도 주워오겠다며 우리 마을 경계를 조금 벗어났는데 그렇게 나간 이후로 실종되어 지금까지 아무런 소식이 없습니다.

고난이 계속 되자 사람들은 희망을 잃고 점점 무기력해졌습니다. 이것이 제 마음을 가장 아프게 했지요. 이스라엘 사람들은 더 이상 스스로를 지키기 위해 무엇인가를 하려고 하지 않았습니다. 세상에 어떤 부모가 제대로 한번 나서보지도 못한 채 자기 자식이 그냥 당하고 죽는 모습을 지켜 볼 수가 있겠습니까? 저는 재판이나 분쟁을 해결하는 일이 그렇게 어렵지는 않았습니다. 진짜 어려운 도전은 어떻게 하면 우리 자녀들과 우리 민족의 미래를 지키는가 하는 것이었습니다.

어느 봄날 아침이었습니다. 구릉지대 너머로 신선한 봄바람이 불어오는 온화한 아침이었지만, 전 금방이라도 무언가 심상치 않은 일이 일어날 것 같은 예감이 강하게 들었습니다. 그리고 최근 들어 하나님께서 똑같은 메시지를 여러 번 강력하게 주시기도 했구요. "너희가 아직 힘이 있을 때에 나가서 싸워야 한다." 이 메시지가 제 귓가에 계속 맴돌았습니다. "너희가 아직 힘이 있을 때에 나가서 싸워야 한다."

제 예감이 적중했습니다. 얼마 지나지 않아 야빈의 군대대장 시스라가 거느린 군대가 이 지역에 들어와서 우리를 위협하기 시작했습니다. 그가 가진 전차 900대와 강한 군사 수만 명과 비교할 때 저희의 군사력은 형편없었습니다. 그나마 이렇게 미약한 군사나마 이끌고 나가 시스라와 대적할 만한 지도자가 저희에게도 한 명 있었는데, 그는 바로 게데스 출신의 바락이었습니다. 저는 그를 불러서 그 동안 제가 마음에 오랫동안 품고 있었던 말을 담대하게 전하였습니다. "전쟁을 준비하십시오, 납달리 자손과 스불론 자손 만 명을 택해 이끌고 다볼 산으로 가세요. 제가 시스라를 기손 강으로 유인해 당신 손에 넘겨드리겠습니다."

> 그녀는 납달리의 게데스에 사람을 보내 아비노암의 아들 바락을 불러 말했습니다. "이스라엘의 하나님 여호와께서 네게 명령하셨다. '너는 가서 납달리 자손과 스블론 자손 1만 명을 택해 이끌고 다볼산으로 가거라. 내가 야빈의 군대 대장인 시스라와 그의 전차들과 많은 군대를 기손 강으로 유인해 네 손에 넘겨주겠다.'" (사사기 4:6-7)

실로 엄청난 명령이었습니다. 하지만 이것은 제 말이 아니라 제 마음에 부어주신 하나님의 명령이었습니다. 저는 그저 전달자에 불과했습니다.

하지만 제 말을 들은 바락은 뜻밖의 대답을 하였습니다.

"만약 당신이 저와 함께 가신다면 저도 가겠습니다. 하지만 당신이 가지 않으시면 저도 가지 않겠습니다." 전 바락을 가만히 쳐다보았습니다. 이스라엘에서 가장 용맹한 장군이자 용사였던 이 남자를 말입니다.

바락이 드보라에게 말했습니다. "만약 당신이 나와 함께 가면 나도 갈 것입니다. 그러나 만약 당신이 나와 함께 가지 않으면 나도 가지 않겠습니다." (사사기 4:8)

그를 쳐다보면서 역사상 여자가 전쟁터에 나간 적이 있었나 생각해 보았습니다. 물론 단 한 번도 없었습니다. 전쟁터에 나갈 생각을 하니 문득 사랑하는 남편 랍비돗과 딸들의 얼굴이 스쳐 지나갔습니다. '만약 내가 전쟁터에 나가서 다시 돌아오지 못한다면 어떻게 하지? 내 가족은 곤경에 빠질 텐데. 아니 그들의 목숨이 위험해 질 수도 있어.' 그리고 전쟁터에 서 있는 제 모습을 상상해 보았습니다. 수만 명이나 되는 적병들 사이에 홀로 서 있는 여인의 모습을요. 사실 죽음 자체는 두렵지 않았습니다. 그보다 이 전쟁에서 보게 될 참혹한 상황은 생각만 해도 몸서리가 쳐졌습니다.

저는 침착하게 다시 생각하기 시작했습니다. '바락에게 내가 필요하다면 그가 원하는 대로 해 주는 것이 좋을 거야. 혹시라도 내가 죽는다면 내 딸들은 엄마 없이 살아야하겠지. 하지만 내가 이 대적들과 싸워야만 내 자녀들이 앞으로 더욱 안전하게 살 수 있다면 그것이 최선의 선택이 아닐까!'

"좋습니다. 제가 당신과 함께 가겠습니다." 제가 바락에게 말했습니다.

"하지만 당신이 이 전쟁을 이끌기는 해도 영광을 얻지는 못할 겁니다. 여호와께서 한 여자의 손에 시스라를 넘겨주실 테니까요."

바락이 하나님의 계획에 온전히 순종하지 않았기 때문에, 그는 이 전쟁에서 승리를 해도 그 영광을 모두 차지하지는 못하게 되었습니다.

마침내 우리는 함께 전쟁터로 나아갔습니다. 그리고 용맹스럽고 충성스런 군사 만 명이 우리를 따랐습니다. 말이나 나귀를 탄 병사는 얼마 되지 않았고 나머지 병사는 모두 걸어서 전쟁터로 나아갔습니다. 이들 모두 하나님과 민족을 위해 목숨을 바칠 각오가 된 사람들이었어요. 저는 빌려 입은 갑옷을 단단히 채우며 철저하게 준비를 했고, 병사들도 지난 20년 동안 깊숙이 감추어 두었던 단도와 창검들을 가지고 와서 앞으로 있을 전투를 대비해 날카롭게 갈고 닦았습니다.

마침내 다볼산에 모두 결집했을 때, 시스라는 우리를 보더니 군사를 이끌고 진격하기 시작했습니다. 헤아릴 수도 없이 많은 가나안 병사들이 사방에서 우리를 향해 달려오자 땅이 진동했고 그 많은 무리가 한꺼번에 움직이니 하늘까지 캄캄해지는 것 같았습니다. 우리에게 이 전쟁은 아무리 보아도 승산이 없는 듯했습니다. '이제 곧 피바람이 불겠구나' 라는 불길한 생각이 제 머리를 스쳤습니다.

하지만 그 순간 예상하지 못했던 평안함이 신비롭게 제 마음을 감싸기 시작했습니다. '하나님이 우리와 함께 하시고, 또 우리를 버리지 않으실 것이다. 내 영혼아 힘차게 전진하여라. 내 영혼아 힘차게 전진하여라.'

내 영혼아 힘차게 전진하여라. (사사기 5:21b)

우리는 모두 검을 뽑아 든 채, 적들이 우리에게 가까이 오기를 기다렸습니다. 우리가 접근하지 못하게 하려고 그들은 전차 바퀴에 날카로운 창검을 달아 놓았습니다. 그들이 의기양양하고 포악한 모습으로 우리를 향해 가까이 다가오자 다볼산에 있던 우리는 기손 골짜기 쪽으로 급히 후퇴하기 시작했습니다. 적군들은 우리가 도망가는 줄 알고는 기세등등하게 우리를 추격하기 시작했습니다. 바로 그 때였습니다. 하늘에서 갑자기 떠내려 갈 듯한 폭우가 강하고 거세게 쏟아지기 시작했습니다. 물론 이것은 우연이 아니라 하나님의 계획이란 것을 전 잘 알았습니다.

예상치 못했던 폭우로 인해 모두들 앞을 분간하기도 힘들었습니다. 그리고 조금 전까지만 해도 기세등등하게 달려오던 전차는 폭우때문에 질척해진 진흙탕 속에서 옴짝달싹하지 못하게 되고 말았습니다. 그리고 우리를 추격하기 위해 기손강을 건너던 가나안 군사들은 갑자기 강물이 불어나자 어쩔 줄 모른 채 허우적대기만 했습니다. 전세는 순식간에 역전이 되었지요. 적군들이 사기를 잃고 매우 당황해 하는 그 순간 우리는 반격을 시작했습니다.

이 날 시스라의 군사들 모두가 우리의 칼날에 힘없이 쓰러졌지만, 우리 중 포로로 잡혀간 사람은 단 한 명도 없었습니다. 우리가 이들에게 유일하게 베풀어준 호의는 단칼에 목숨을 끊어 심하게 고통을 겪지 않고 죽게 해준 것이었습니다. 전쟁이 모두 끝나고 죽은 적군들 사이에 혹시 군대대장 시스라의 시체도 있는지 찾아보았지만 찾지 못했습니다. 전세가 불리하게 되자 혼자 몰래 도망을 쳤던 것입니다.

하늘로부터 별들이, 그들이 다니는 행로로부터 별들이 시스라와 싸웠다네. 옛적부터 흐르던 기손강, 기손 강이 그들을 휩쓸어 갔다네. (사사기 5:20-21)

나중에 그가 겐 사람 헤벨의 아내 야엘의 천막에 들어갔다는 소식을 들었습니다. 헤벨은 대장장이였는데 시스라와는 사업상 돈독한 관계를 유지하고 있었습니다. 아마 시스라의 전차도 헤벨이 만든 작품일 것입니다. 시스라는 야엘에게 숨을 곳을 부탁했고, 그녀는 그에게 편안한 잠자리와 따뜻한 우유를 대접했습니다. 그리고 그가 깜빡 잠이 든 사이에, 그녀는 천막을 치는 말뚝을 가져다가 시스라의 머리를 단번에 부수어 버린 것입니다.

이 전투를 생각할 때 마다 제가 떠올리는 한 사람이 있는데 바로 시스라의 어머니입니다. 제가 듣기로 그의 어머니는 창가에 서서 시스라가 어서 집에 돌아오기만을 노심초사 기다리고 있었다고 합니다. 시스라의 마차가 승리의 함성 소리와 함께 집으로 돌아오기를 기다리며, 또 아들이 잔뜩 싣고 올 전리품을 구경할 생각으로 몹시 흥분해 있었다고 합니다.

"왜 이렇게 안 오는 거지? 왜 말발굽 소리가 들리지 않는 거야?"

그녀는 하녀에게 물었습니다. 그리고는 하녀의 대답을 채 듣기도 전에 "그렇지, 병사들에게 포로로 잡은 여자들도 한 둘씩 나누어주고, 또 마차 가득 노략물을 실으려면 시간이 좀 걸릴거야. 물론 나에게 줄 멋진 장신구도 잊지 않고 챙겼겠지."라고 말했습니다.

비록 그의 어머니도 시스라처럼 완전히 타락한 속물이었지만, 그녀 역시 아들이 무사히 귀환하기를 간절히 바라는 어머니였습니다. 그러나 시스라는 결코 다시 집으로 돌아오지 못했습니다. 그 천막 말뚝을 집어든 한 여인이 그의 심장을 완전히 멈추게 했으니까요.

야엘 이야기

지금 제가 무슨 일을 저지른 건가요? 이제 막 일어난 일이 너무 두려운 나머지 제 안에서 비명이 터져 나오는 듯 했습니다. 여기 가나안 군대 대장 시스라가 관자놀이에 쐐기 못이 박힌 채 이렇게 제 앞에 죽어있으니까요. 제 손으로 그를 죽였다니, 믿어지지가 않았습니다.

바깥은 왜 이리 조용한 걸까요? 왜 가나안 군사들이 제 집에 쳐들어 와서 저를 당장 잡아 끌어내지 않는 걸까요? 이렇게 조용한 걸 보니 그들이 이 전쟁에서 패배한 것이 틀림없는 듯 했습니다.

시스라는 죽어 마땅한 사람입니다. 전 그를 죽인 것을 조금도 후회하지 않고, 오히려 제 손으로 그를 죽인 것이 기뻤습니다. 시간이 좀 흐르자 혹시라도 그가 살아있는지 확인해보려고 저는 발로 그를 툭툭 차 보았습니다.

그러자 그가 손에 쥐고 있던 염소젖 통이 미끄러졌습니다. 조금 전에 그에게 대접한 것이었습니다. 그가 갑자기 저를 찾아왔을 때 전 그를 대접하든지 그의 손에 죽든지 둘 중 하나를 선택해야 했습니다. 전쟁을 치른 후, 그는 몹시 목이 말랐던지 제게 와서는 당장 마실 것을 내놓으라고 하기에 남아 있던 염소젖을 대접했습니다.

염소젖을 마신 뒤 그는 곧장 잠이 들어 버렸습니다. 아마 전쟁터에서의 긴장과 피로 때문에 힘이 모두 빠져 버린 것 같았습니다. 사실 저는 그를 사람으로 대해주기도 싫었습니다. 저와 제 가족들에게 그는 짐승, 아니 괴물과 같은 존재였으니까요.

저는 사실 예전부터 시스라를 알고 있었습니다. 그는 제 남편인 헤벨을 한두 번 찾아 왔어요. 한 번은 전차 바퀴 수십 대와 차대를 주문하기 위해 왔고 또 한 번은 일을 재촉하기 위해 찾아 왔습니다.

아마 전에 이런 인연이 있었기에 오늘 저를 찾아왔는지 모릅니다. 갑가지 기손 강이 불어나는 바람에 그의 부하들이 허우적대며 죽어가고 있는 사이, 그는 몰래 저를 찾아와서는 이곳에 있으면 안전하리라 생각 했던 것 같습니다. 하지만 이건 큰 착각이었어요. 아주, 대단히 잘못 생각한 거죠.

시스라는 제가 이스라엘 사람이라는 사실을 몰랐습니다. 저의 조상들도 모세를 따라 홍해를 건너고 광야를 지나 요단강을 건넜습니다. 물론 저의 선조들은 가나안에 입성한 후에 모세의 율법을 따르지 않고, 이방인들과 결혼을 하고 또 이방신을 믿으며 타락해 갔습니다. 하지만 저는 그렇지 않았습니다. 저는 여전히 여호와를 믿고 섬기며 살았고, 제 가족의 원수인 시스라에게 언젠가 복수를 하리라는 마음으로 살고 있었습니다.

수년 전에 시스라는 군사를 이끌고 제 고향에 쳐들어 왔습니다.

그는 제 아버지를 죽였고 어머니와 여동생을 성폭행 한 후 버리고 갔습니다. 그리고 얼마 지나지 않아 그들도 죽었습니다. 시스라와 그가 이끈 군대가 쳐들어 온 바로 그 날, 나는 아침 일찍부터 밭에 나가서 일을 했기 때문에 마을이 침략 당하는 동안 밭에 숨어있었습니다. 멀리서 들리던 그 비명소리와 죽음이 가져다 준 공포와 정적이 이어지던 순간들을 아직도 잊을 수가 없습니다.

바로 그 원수가 터덜터덜 언덕을 올라 제 장막을 향해 올라오는 모습을 보노라니 몸속에 있던 피가 거꾸로 솟는 듯 했습니다. 사실 시스라는 헤벨을 찾아왔습니다. 유대인을 전멸한 기쁨에 함께 축배라도 들려고 오는 길이었는지도 모른다고 생각했죠.

"대장님, 어서 오세요." 그를 보자 저도 모르게 이렇게 말을 했습니다. "여기에 잠시 들어오셔서 쉬었다 가세요."

때 마침 헤벨은 집에 없었고 저 혼자 있었습니다. 남편이 아닌 딴 남자를 여인의 장막에 들이는 것은 돌에 맞아 죽을 수도 있는 부정한 일이었지만, 전 그를 장막 안으로 안내했습니다. 그리고 그와 눈을 맞추지 않으려고 허리를 깊숙이 구부리며 인사를 했습니다.

"나에게 먹을 것을 좀 내오시오. 마실 것도 같이." 그는 문간에 들어서자마자 당당하게 호령했습니다.

"예, 예 알겠습니다. 대장님"

"지금 당장 가져 오시오."

제가 지금 무슨 짓을 벌인 것일까요? 이를 어떻게 설명해야 하나요? 원수 놈을 초대해서 저의 장막에 거하게 하다니 말입니다. 헤벨 도대체 당신은 지금 어디에 있는 거에요? 내가 여기 시스라와 단 둘이 있는데. '어쩌면 이게 더 나을 수도 있어' 어쩔 줄 몰라하는 내 마음 속에 불현듯 한 가지 생각이 스쳤습니다.

저는 그늘 진 곳에 놓아두었던 염소젖을 통에 붓고는 후들거리는 다리로 그에게 가져갔습니다. 가까이 가니 그는 힘겹게 갑옷을 벗어 바닥에 내려 놓고 있었습니다. 그의 몸에는 여기 저기 상처와 멍든 자국이 가득했습니다.

그러더니 그는 졸린 듯 눈을 껌뻑거렸습니다. 전쟁으로 인해 심신이 모두 녹초가 된 것 같았습니다.

"내가 잠시 눈 좀 붙일 테니 내가 일어 날 때까지 꼼짝 말고 여기 계시오."

이렇게 말하고 나서 그는 죽은 듯 곯아떨어져 버렸습니다.

그 순간 전 그냥 도망갈 수도 있었습니다. 아마 그랬어야 했는지도 몰라요. 하지만 예전에 아버지의 집에서 숨죽인 채 숨어 있었던 것처럼, 언제까지나 숨기만 해서는 안 된다는 생각 때문에 저는 이곳에 그냥 머물기로 했습니다.

그가 잠든 것을 확인 한 후, 집 여기저기를 둘러보며 칼이나 몽둥이 같이 흉기가 될 만한 물건을 찾아보았습니다. 그러다가 무언가 눈에 확 들어왔는데 그것은 바로 천막을 칠 때 사용하는 쐐기 못과 곡식을 빻을 때 쓰는 나무 망치였습니다. 이것을 보자 저는 이 원수 놈을 단번에 박아 버릴 수 있을 것 같았습니다. 예전에 시스라가 내 가족을 죽였다는 사실에 대한 분노와 슬픔이 갑작스레 밀려왔습니다. 저는 세상모르게 자고 있는 시스라 곁으로 조용히 다가갔습니다. 그리고는 살며시 그의 옆에 무릎을 꿇고 앉았죠. 그 사람의 곁에는 칼집이 놓여있었습니다. 아마 그 칼집 안에는 전쟁에서 죽인 히브리인의 핏자국이 아직 생생하게 남아있었겠지요.

헤벨의 아내 야엘은 그가 지쳐 곤히 잠든 사이에 천막용 쐐기 못을 집어 들고 망치를 손에 들었습니다. 그리고 살며시 그에게 다가가서 그의 관자놀이에 쐐기 못을 꽂고 땅에다 박아 버렸습니다. 시스라는 그렇게 죽었습니다. (사사기 4:21)

저는 쐐기 못을 살며시 그의 관자놀이 근처에 대고는 망치를 들어 올렸어요. 그러나 두려움 때문에 한 순간 멈칫했습니다. 하지만 그 때 아버지의 얼굴이 떠올랐고 죽은 제 여동생의 목소리도 들리는 듯 했습니다. 그래서 용기를 내어 망치를 내리 치자 그것으로 모든 것이 끝났습니다. 시스라는 잠시 눈을 번쩍 떴지만, 미동도 하지 못한 채 그 자리에서 죽었습니다. 마침내 이 악랄한 인간이 영원히 사라진 것입니다.

이 일 때문에 사람들은 저를 영웅이라고 합니다. 드보라 사사와 바락 장군님도 저의 공로를 높이 치하해 주셨어요. 하지만 전 우리 모두의 원수였던 시스라의 몰락에 그저 우연히 동참하게 된 미약한 여인에 불과합니다. 저는 여호와께서 그를 저의 장막으로 보내 주셔서 이렇듯 놀라운 일을 행하셨다는 사실에 깊이 감사드립니다.

드보라의 이야기가 주는 교훈

여자가 정치적 혹은 군사적 지도자가 되는 현 세대에 드보라의 이야기는 수많은 여성들에게 어떻게 여성으로서 막중한 지도력을 감당하고 하나님과 백성을 잘 섬길 수 있는 지 좋은 예를 보여 준다. 드보라는 백성의 평화가 위협을 당할 때, 옆에서 지켜만 보지 않고, 바락과 함께 일만 군사를 이끌고 직접 전쟁에 참여해 압박과 폭력으로부터 유대인들을 구해내었다. 하나님의 사람들이, 남녀 모두 힘을 합칠 때 도저히 넘볼 수 없었던 막강한 가나안 군대를 꺾는 이변을 일으킬 수 있었던 것이다. 드보라의 이야기는 하나님의 사람들 모두를 최선으로 이끄는 진정한 지도력이 무엇인지를 잘 보여준다.

●●● 드보라가 우리에게 가르쳐 주는 것은 무엇인가?

- 이 이야기 안에 당신을 놀라게 하거나 분노하게 하거나 새롭게 궁금증을 유발시킨 부분이 있는가? 이 이야기 속에 나오는 잔혹함은 당신이 하나님을 이해하는데 어떤 영향을 미치는가?
- 당신은 이스라엘과 가나안의 전쟁이 오늘날의 전쟁과 유사하다고 생각하는가? 드보라가 군대를 이끌고 전쟁에 나간 것은 정당했다고 보는가? 야엘이 시스라를 죽인 것도 정당화 될 수 있는가?
- 드보라는 이스라엘의 어머니로 불렸다. 어떤 성품 때문에 그녀는 이런 이름을 갖게 하였다고 생각하는가?
- 오랫동안 성경의 독자들은 야엘이 한 행동이 매우 위험한 것이라고 말했다. 당신은 어떻게 생각하는가? 그 이유는 무엇인가?

드보라에 대해 좀 더 알고 싶으시면 뒤에 있는 부록 282면을 참조하세요.

다섯 번째 이야기

한나

5

한나

- 희생정신
- 신실함
- 간절함
- 인내심
- 긍정성

관련 성경 구절 : 사무엘상 1, 2장
배경 : 기원전 1100년 실로 지역
이야기의 중요성 :

불임 때문에 극심하게 심적 고통을 겪던 한나는 하나님께서 아들을 주시면 바치겠노라고 서원한다.

한나_ 가장 귀한 것을 아낌없이 바친 헌신

늘 그렇듯이 브닌나가 한 말이 제 마음을 후벼 파는 것 같았습니다. 송곳처럼 날카로운 말로 그녀는 이미 상처로 얼룩진 제 마음을 찌르고 또 찔렀죠.

"한나, 당신한테는 여분의 음식이 필요 없잖아요" 내 옆에 앉으며 그녀가 말했습니다. "그러니 당신 몫의 음식을 내 아이들에게도 조금 주어도 괜찮겠지요?" 그리고는 저에게 더 가까이 다가와 귀엣말로 속삭였어요. "당신은 아이가 없으니까. 당신이 아무리 열심히 예배를 드린다 한들, 당신이 죽고 나면 누가 그걸 기억해 주겠어요? 자녀가 없으면 우리 여자들은 무용지물이나 다름없잖아요."

브닌나는 제게 이렇게 속삭이고는 큰 소리로 아이들의 이름을 부르며 나갔습니다. 당연히 식사 후 뒷정리는 돌볼 아이가 없는 제 몫이란 뜻이었지요. 브닌나의 아들 딸들은 모두 장막 밖에서 신나게 놀고 있었습니다. 아, 제 신세가 꼭 저 아이들이 갖고 노는 장남감 같다는 느낌이 들었습니다. 여기저기 아무렇게나 던지고 놀아도 상관없는 그런 장난감 말입니다.

인정하고 싶지 않지만 적어도 한 가지 사실만큼은 브닌나가 한 말이 옳았습니다. 전 여분의 음식이 필요 없었죠. 아니 제 몫조차 먹기 힘들었어요. 제 남편의 후처인 브닌나가 여느 때처럼 제 속을 잔뜩 긁어놓았기 때문입니다. 이럴 때면 전 입맛만 없어지는 게 아니라, 일어서서 몸을 가누기조차 버거웠습니다.

그런 한나에게 남편 엘가나는 "한나, 왜 그렇게 울고 있소? 왜 먹지 않고 있소? 왜 그렇게 슬퍼하고만 있소? 내가 당신에게 열 아들보다 낫지 않소?" 하고 말했습니다. (사무엘상 1:8)

"그녀의 말에 너무 신경 쓰지 마시오." 곁에서 지켜보던 남편 엘가나가 나무라듯 제게 말했습니다. "당신 곁에는 내가 있지 않소. 내가 당신에게 열 아들보다 더 소중하지 않소?"

그는 부드럽게 달래는 목소리로 제게 말 했습니다. 그 아름답고 선량한 눈으로 저를 쳐다보면서 말입니다. 전 제 남편을 무척 사랑했어요. 그래서 그의 눈을 꼭 빼 닮은 아들을 낳고 싶었습니다. 그런 아들 하나만 있다면 내 남편처럼 멋지고 근사한 남자로 키우련만. 그리고 세상을 떠나는 순간에 그 아들을 바라보며 '내 삶도 의미 있었다' 고 말하며 눈을 감을 수 있으련만.

하지만 아무리 세월이 흘러도 제 배는 단지 음식을 채우는데만 필요할 뿐, 생명을 잉태하는 데는 아무런 쓸모도 없었습니다. 아, 제 몸은 불량품이고 제 인생은 실패작인 것 같았습니다.

전 더 이상 견디지 못하고 벌떡 일어나 장막 휘장을 획 걷어 제치고는 밖으로 나왔습니다. 남기고 온 음식과 뒷정리는 모두 잊은 채, 곧바로 성소를 향해 달려갔습니다.

그곳에 도착하자마자 절규하듯 "전능하신 하나님"을 부르며 기도하기 시작했습니다. "여호와여, 부디 저의 기도를 들어주옵소서. 저에게 아들 하나만 허락하여 주소서. 저는 일생 동안 당신만 섬기며 살았습니다. 그리고 이렇게 다시 당신의 전에 나아와 아들을 주실 것을 간구하고 있나이다. 제발 저의 기도에 응답하셔서 저에게도 아들을 허락하여 주옵소서."

물론 저는 그 동안 하나님께 자녀를 달라는 기도를 여러 번 드렸지만, 이번만큼 온 힘을 다해 기도를 한 적은 없었습니다. 아주 죽기 살기로 매달렸지요. 불에 달군 기름같이 뜨거운 눈물이 하염없이 제 얼굴을 타고 흘러내려 마룻바닥으로 뚝뚝 떨어졌습니다. "하나님, 저의 이 간구를 들어주시면 제 아들을 당신께 바치겠나이다. 이 아들이 평생 당신의 전에서 살며 당신을 섬기도록 하겠습니다. 주여, 저에게도 아들을 주옵소서."

바로 그때 뒤에서 누군가 꾸짖듯 고함치는 소리가 들렸습니다. "이곳은 취객이 들어오는 곳이 아니오."

아차. 이 분은 엘리 제사장이었습니다. 저는 여기 혼자 있는 줄 알고 몸과 마음을 다해 힘껏 부르짖으며 기도하고 있었는데, 이러한 모습을 본 엘리 제사장이 저를 술 취한 사람으로 오해 한 것입니다.

"당장 술을 끊으시오. 그리고 이렇게 취한 모습으로 하나님 전에 나오는 것은 신성 모독죄에 해당한다는 사실을 모르시오?" 그는 제 등 뒤에서 저를 심하게 나무랐습니다. 저는 고개를 숙인 채로 뒤를 돌아보며 생각했습니다. '그래. 이 분께 말씀드리면 나를 도와주실 지도 몰라.'

한나가 마음속으로 기도하고 있어서 입술은 움직였지만 소리가 들리지 않았습니다. 엘리는 한나가 술에 취했다고 생각하고 (사무엘상 1:13)

"제사장님, 저는 술에 취하지 않았습니다." 저는 침착해 지려고 애 쓰며 말을 이어나갔습니다. "저는 마음이 너무 고통스러워서 이곳에 와서 하나님께 제 마음을 쏟아 부으며 기도를 하고 있었습니다. 사실 저는 오랫동안 아이를 갖지 못했습니다. 왜 제가 이러한 고통을 겪어야 하는지 저도 잘 모르겠습니다. 도대체 제가 무엇을 잘못한 것일까요? 왜 저는 아이를 낳을 수 없는 걸까요?"

엘리 제사장은 제 이야기를 차분하게 들어주셨지만 저는 말을 할수록 점점 더 고통스럽고 슬퍼져서 저도 모르게 흐느끼기 시작했습니다. 이러한 제가 불쌍하다는 듯 보고 있던 엘리 제사장이 마침내 저에게 말했습니다.

"평안히 가시오. 하나님께서 당신의 기도에 응답해 주시기를 바라오." 엘리 제사장으로부터 위로의 말을 듣자 제 맘이 한결 가벼워졌습니다. 그리고 이번에는 하나님께서 제 기도에 응답을 해 주시리라는 확신이 들었습니다.

한나가 대답했습니다. "내 주여, 그런 게 아닙니다. 저는 슬픔이 가득한 여자입니다. 저는 포도주나 독한 술을 마신 것이 아니라 여호와께 제 심정을 쏟아낸 것입니다." (사무엘상 1:15)

이 일이 있고 나서 얼마 후 때가 되었는데도 생리가 시작되지 않았습니다. 이렇게 하루, 이틀, 사흘, 그리고 한 주가 흘렀습니다. '그렇다면 혹시… 임신을 한 걸까? 설마. 그럴 리가 없어.' 이렇게 또 다시 두 주가 흐르자 저는 초조해 지기 시작했습니다. 그래도 지금까지는 꽤 정확하게 생리 주기에 맞추어 생리를 했었는데… 아마 스트레스 때문에 생리불순이 된 것 같았어요. 게다가 점점 나이를 먹고 있으니, 생리횟수가 줄어드는 것이 자연스러운 현상이었는지도 모릅니다. 그렇다면 이것은 임신할 가능성이 점점 더 희박해 진다는 의미이겠지요? 이러다가 폐경이 된다면… 생각이 여기까지 미치자 매우 불안하고 우울해지기 시작했습니다. 그렇다면 이제 아이를 낳는 소망을 아예 포기해야 한단 말인가!

하지만 몇 주가 더 지나자 제 몸이 조금씩 변하는 느낌이 들었습니다. 가슴은 조금씩 더 커지고 때때로 통증을 느끼기도 했지요. 세상에. 정말로 임신을 한 걸까? 이토록 오랜 세월 동안 그저 기다리며 기도만 했었는데, 이제 정말로 내가 아이를 가진 것인가? 이 현실이 믿기지 않아서 저는 여전히 의심의 끈을 놓지 못했습니다. 그리고 또 얼마가 지나자 제 몸 안에서 꿈틀거리는 무언가를 느끼기 시작했고 제가 정말로 임신을 했다는 놀라운 기적을 마침내 인정하게 되었습니다. 내가 엄마가 된다니. 하나님께서 마침내 제 기도에 응답을 해 주신 것입니다.

마침내 때가 되어 저는 아들을 낳았고, 저희는 이 아이의 이름을 '하나님의 이름'이란 의미로 사무엘이라 지었습니다. 이 아이는 제가 기대하고 바라던 것 이상이었습니다. 물론 저는 아이를 낳으면 그 아이를 무척 사랑하리라는 사실을 잘 알고 있었습니다. 하지만 제가 그 아이와 사랑에 빠지리라곤 상상도 못했습니다. 전 사무엘을 품에 안고, 아기의 부드럽고 향긋한 살 냄새를 음미하면서, 그 고운 갈색 머리카락에 끊임없이 입을 맞추곤 했습니다.

또한 사무엘은 다른 아이들과 달리 젖을 먹을 때도 울거나 짜증을 내지 않고 조용하지만 힘차게 젖을 빨았습니다. 브닌나가 아이들을 기를 때 보니 아이가 젖을 먹다말고 갑자기 울며 보채서 엄마를 힘들게 하는 모습을 종종 보았거든요. 무엇보다 저에게 가장 행복했던 시간은 해가 뉘엿뉘엿 질 무렵, 어린 사무엘을 안은 채 엘가나가 만들어 준 흔들의자에 함께 앉아 있을 때였습니다. 사무엘을 안은 채 지는 해를 바라보고 있노라면 마치 우리 둘은 한 몸처럼 뗄 수 없는 무언가로 서로 연결된 것 같았어요.

특히 저에게 이 순간이 더욱 소중했던 이유는 제게는 사무엘과 함께 할 시간이 그다지 많지 않았기 때문이었습니다. 하나님께 서원한 대로 사무엘이 젖을 떼고 나면 아이를 성전으로 보내 하나님께 봉사하며 살도록 해야 했기 때문에 저는 매 순간순간 아이에게 최선을 다 하고 싶었습니다.

사무엘이 세 살이 되고, 이제 젖을 먹을 나이가 지나자 사무엘을 갖기 전에 하나님께 드렸던 서원이 점점 더 부담스러워졌습니다. 그리고 마침내 사무엘을 떠나보내기 전 마지막 밤, 저는 사무엘을 꼭 끌어안고 아이의 머리에 키스를 퍼부으며 하염없이 눈물을 흘렸습니다. 내가 과연 내일 이 아이와 작별을 할 수 있을까? 내가 세상에서 가장 사랑하는 사람이 바로 이 아이인데 말이야.

그 때 잠을 자려고 누워있던 사무엘이 그 조그만 손을 내밀어 눈물로 얼룩진 제 뺨을 만져 주었습니다. 그리고는 자기가 제일 좋아하는 작은 담요를 제게 내밀었지요. 전 그 담요에 얼굴을 묻고는 강물처럼 흐르는 눈물을 주체하지 못하고 엉엉 울고 말았습니다. 정말로 내일 이 아이와 작별 인사를 할 수 있을지 전 자신이 없었어요.

하지만 어머니는 자신의 감정과는 상관없이 언제 자식과 이별을 해야 하는지 본능적으로 알게 되나 봅니다. 물론 저에게 이 시간은 잔혹하리만치 일찍 찾아왔지만, 전 바로 지금이 그 때라는 사실을 부정할 수 없었습니다. 엘가나와 함께 예배를 드리러 성전에 올라가면서 이번이 사무엘을 안고 함께 성전에 올라가는 마지막 날이 되리라는 사실을 알고 있었지요. 저는 어린 사무엘의 손을 꼭 잡고 엘리 제사장에게로 다가갔습니다.

그는 전에 제가 절규하며 기도하는 모습을 보고는 제가 술에 취해 주정을 부린다고 했습니다. 저는 그에게 다가가 이렇게 말했습니다. "제가 전에 하나님께 이 아이를 드리겠다고 서원을 했습니다. 그리고 지금 그 약속을 지키려고 이렇게 왔습니다. 이 아이가 살아있는 한 이 곳에서 여호와를 섬기며 지내도록 이 아이를 하나님께 바칩니다."

그때 제가 이 아이를 달라고 기도했었는데 여호와께서 제가 구한 것을 주셨습니다. (사무엘상 1:27)

그러자 엘리 제사장은 허리를 굽히고 사무엘의 눈을 지그시 바라보더니 고개를 끄덕였습니다. 그리고 이별을 하기 전에 잠시 우리가 함께 있을 시간을 주고 밖으로 나갔습니다. 전 무릎을 꿇고 사무엘을 힘껏 안았지요. 그때까지도 이 아이를 여기에 홀로 두고 어떻게 발걸음을 옮길 수 있을 지, 자신이 없었습니다.

"사무엘아, 내 마음은 언제나 너와 함께 있단다." 전 어린 사무엘에게 속삭였어요. "나는 세상에서 그 누구보다도 너를 가장 사랑한단다. 하지만 우리에게 생명을 주신 분은 하나님이시고 우리는 그 분만을 섬기며 살아야 한단다."

만약 그 순간 사무엘이 울음을 터뜨렸다면, 제가 어떻게 했을 지 잘 모르겠습니다. 하지만 어린 사무엘은 꿋꿋하게 잘 버티어

주었고, 그 덕분에 저도 씩씩하게 그를 보낼 수 있었습니다. 전 다시 어린 사무엘의 손을 잡고 밖으로 나와 그를 엘리 제사장에게 데리고 갔습니다.

그들이 함께 성전 저 편으로 사라져 가는 것을 보고 있노라니, 제 마음에서 온갖 감정이 용솟음쳐 올라왔습니다. 집으로 돌아온 후, 저는 뻥 뚫린 것 같이 공허해진 마음을 다잡기 위해, 순간순간 애를 쓰며 살아야 했습니다. 이러한 저를 엘가나는 밤마다 품에 꼭 안아 주며 위로해 주었지요. 이렇게 시간이 흐르다 보니 조금씩 살아 나갈 힘이 새로 생기기 시작했습니다.

어머니라면 누구나 자기 자녀가 세상을 바꿀 만큼 위대한 사람이 되기를 바랍니다. 저도 마찬가지였어요. 그리고 사무엘은 정말 위대한 일을 해 내었습니다. 사무엘은 장성하여 이스라엘의 제사장, 선지자 그리고 사사의 역할을 하면서 사울을 이스라엘의 초대 왕으로 세웠고, 그 후에는 다윗에게 기름을 부어 왕으로 세웠습니다. 그는 또한 탁월한 지도력을 발휘하여 뿔뿔이 흩어져 있던 이스라엘 부족들을 하나로 통합했습니다.

저는 많은 날들을 눈물로 지새우며 살았지만, 마침내 마음이 평안해졌습니다. 무엇보다 제가 하나님께 드린 서원을 지켰다는 사실뿐만 아니라 제 아들이 세상에 선한 영향력을 끼치고 위대한 삶을 살았다는 점, 그 덕분에 저와 제 아들이 의미있는 삶을 살았다는 사실이 무척 위로가 되고 그저 감사할 따름입니다.

사실 하나님께서는 우리 가정에 끊임없이 긍휼을 베풀어 주셔서, 저는 사무엘을 떠나보낸 후 아들 셋과 딸 둘을 더 갖게 되었습니다. 이 아이들을 양육하면서도 전 매일 틈을 내어 사무엘이 입을 겉옷을 만들었습니다.

그의 겉옷을 짜면서 저는 '그를 축복해 주소서. 주여. 사무엘을 축복해 주세요.'라며 눈물 어린 기도를 멈추지 않았습니다. 저는 늘 사무엘이 그리웠습니다. 해마다 한 번씩 우리 가족은 예루살렘 성전으로 예배를 드리러 갔는데, 그 곳에 가면 사무엘을 만날 수 있었습니다. 그 때마다 저는 제가 정성껏 만든 새 옷을 그에게 입혀 주었습니다. 무엇보다 사무엘이 갈수록 성장하는 모습을 보는 것이 매우 기뻤습니다. 그래서 늘 사무엘을 건강하고 안전하게 지켜주시는 하나님께 감사 기도를 올렸습니다.

사무엘의 어머니는 남편과 함께 매년제를 드리러 올라올 때마다 작은 겉옷을 만들어 사무엘에게 가져다주곤 했습니다.
(사무엘상 2:19)

사무엘이 열두 살이 되던 해, 하나님의 음성을 들었다는 말을 했습니다. 잠을 자려고 누워 있는데 누군가 계속 자신을 불렀다고요. 처음에는 하나님의 음성인 줄 모르고 엘리 제사장에게 달려갔는데, 이런 일이 연달아 일어나자, 나중에 엘리 제사장이 그에게 "다시 그 음성을 듣거든 '말씀하소서. 주여! 주의 종이 듣겠

나이다.' 라고 하라"는 지시를 내렸답니다. 그래서 사무엘은 그대로 순종했습니다.

사무엘이 하나님으로부터 받은 메시지를 엘리 제사장에게 고했을 때 엘리 제사장은 매우 두려워했다고 합니다. 자세한 내용은 다음에 또 전할 기회가 있기를 바랍니다.

저는 가끔씩 생각합니다. '만약 내가 하나님께 드린 서원을 지키지 않았더라면 어떻게 되었을까?' 사실 이런 생각조차 어리석은 짓입니다. 다른 사람은 몰라도 저는 그런 일을 상상조차 할 수 없으니까요. 하나님은 제게 생명을 주셨고, 고통스러운 제 삶에 동행해 주셨으며, 무엇보다 저에게 가장 소중한 선물인 아들을 주셨습니다. 이렇게 좋으시고 신실한 하나님과의 약속을 어떻게 어길 수 있겠습니까? 제가 사무엘을 바치겠다는 약속을 지킨 것은 조금도 대단한 일이 아니었습니다. 저에게 이것은 제가 마땅히 해야 할 작은 감사의 표현이었을 뿐입니다.

한나가 우리에게 주는 교훈

한나는 가장 절실히 원했던 아들을 갖기 위해 온 힘을 다해 하나님께 기도를 드렸다. 그리고 그녀의 기도가 응답되자 아들을 성전에 바치겠다고 한 자신의 서원을 잊지 않았고 그렇게 사무엘을 성전에 드린 덕분에, 사무엘을 향한 하나님의 뜻이 이루어지게 되었다. 자기 자신보다는 먼저 하나님께 순종한 한나의 삶은 우리에게 자기희생과 믿음의 예를 보여주는 좋은 본보기이다.

한나이야기를 통해 무엇을 배울 수 있는가?

- 사무엘을 하나님께 드려야 하는 한나의 심정이 어떠하였을까? 당신도 혹시 누군가를 혹은 무엇인가를 하나님 앞에 포기한 경험이 있는가? 그 결과는 어떠했는가? 또 이로 인해 당신과 하나님의 관계에 어떤 변화가 있었는가?

- 한나는 온 마음을 다해 기도로 간구를 했고 마침내 자신이 바라던 응답을 받았다. 당신에게도 이와 비슷한 경험이 있는가? 함께 나누어 보라. 또 당신이 기도를 해도 응답이 되지 않거나 혹은 기대하지 않는 방향으로 응답이 되었다고 느낀 적이 있는가? 이로 인해 자신이 처한 상황을 바라보는 관점에 어떤 변화가 있었는가?

- 한나의 노래(사무엘상 2장 참조)와 마리아의 노래(누가복음 1장 참조)를 비교해 보라. 그들의 감사와 소망이, 그리고 고통과 억압으로부터 그의 백성을 해방시켜 주시는 하나님께 대한 찬양이 어떻게 묘사되고 있는가? 이들의 찬양과 기도 가운데 당신의 마음을 울리는 부분이 있다면 함께 나누어 보자.

한나에 대해 좀 더 알고 싶으시면 뒤에 있는 부록 284면을 참조하세요

여섯 번째 이야기

룻

6

룻

- 궁핍함
- 근면함
- 설득력
- 충성심
- 감수성

관련 성경 구절 : 룻기

배경 : 기원전 1120년경 모압과 베들레헴 지역

이야기의 중요성 :

자기희생적인 믿음을 가진 젊은 과부 룻은 시어머니인 나오미를 따라 자신의 고향과 익숙한 삶을 모두 버리고 나오미의 고향인 베들레헴으로 따라간다.

룻_ 길을 밝히는 여인

지금 우리가 하고 있는 이 여행에서 가장 힘든 부분은 어떻게 무사히 밤을 보내는가 하는 일이었습니다. 차가운 어둠이 사방을 덮기 시작하면 매우 추워서 잠을 제대로 못잘 때도 있었습니다. 그리고 조금이라도 빈틈을 보이면 우리를 해치거나 물건을 도적질하려는 사람들 틈바구니 속에서 두 눈을 감고 편안하게 자는 일은 거의 불가능했습니다. 특히 남자가 동행하지 않고 여자 셋이서만 하는 여행이었기 때문에 우리는 쉽게 나쁜 사람들의 표적이 되었습니다.

저는 제 동서인 오르바와 함께 시어머니 나오미를 따라 그녀의 고향인 베들레헴으로 가고 있었습니다. 어머니는 나이가 드시면서 머리가 희끗희끗해지고, 허리도 많이 구부정해 지셨지만 강직한 성품만큼은 조금도 변하지 않으셨습니다. 저와 오르바는 모압 출신입니다. 모압은 지금 우리가 향하고 있는 나오미의 고향 베들레헴에서 약 60킬로 떨어진 곳에 있습니다. 이 모압 땅에서 저는 나오미의 아들인 말론과 혼인을 했고, 계속 여기서 살 거라고 생각했었습니다. 바로 얼마 전까지만 해도 말입니다.

결혼을 하고 십 년 동안 제 남편은 저의 보호자로서 의식주 문제를 모두 해결해 주었습니다. 그리고 그와 결혼을 하면서 저에게는 새 가족이 생겼는데 말론의 부모님과 그의 형 기룐 그리고 그의 부인 오르바였습니다. 그런데 얼마 전 우리 집안 남자들이 모두 갑작스레 세상을 떠나는 바람에 이제 여자 셋만 남게 되었습니다. 이들이 왜 갑자기 죽었는지는 저희도 이해할 수 없었습니다. 단순히 전염병 때문인지, 아니면 하나님 때문인지… 도무지 설명할 길이 없었습니다. 하지만 한 가지 분명한 사실은 이들이 남기고 간 빈자리와 의식주를 이제부터는 저희가 책임져야 한다는 무거운 부담감이었습니다. 오르바와 저는 둘 다 아이가 없었기 때문에 이 모든 문제를 시어머니와 저희 둘이 해결해 나가야 했습니다.

저희는 나오미의 뒤를 따라가며 한 발 한 발 무겁게 발걸음을 옮기고 있는 나오미를 바라보았습니다. 비록 베들레헴에 무사히 도착한다고 해도 그 다음에는 어떻게 살아야 할지 막막하기만 했습니다. 저의 일가친척들은 모두 모압 지방에 살고 있었고, 베들레헴에는 고작해야 나오미의 먼 친척들이 있을 뿐인데. 그 당시 과부들이 그렇듯이 구걸이나 매춘으로 먹고 사는 것 외에는 다른 방법이 없는 듯 했습니다.

그런데 갑자기 나오미가 뒤로 돌아서더니 저희에게 단호하게 말했습니다. “내 딸들아, 이제 너희 고향 집으로 돌아가거라. 그리고 거기서 새로운 삶을 시작하거라. 나와 함께 가면 너희에게는 미래가 없단다. 하나님께서 너희에게 평강과 축복을 내려 주시기를 기도한다.” 이렇게 말을 하더니 나오미는 가까이 다가와 우리의 뺨에 작별 키스를 했습니다.

“자 이제 가거라” 그녀는 말했습니다. 이렇듯 단호하게 말하는 나오미에게서 우리가 잘 되기만을 바라는 그녀의 사랑과 긍휼을 절절히 느낄 수 있었습니다.

“저희도 함께 가겠어요.” 저는 말했습니다. “어머니를 홀로 가시게 할 수는 없어요.”

“돌아가거라” 그녀는 명령하듯 말했습니다. “이제 너희 갈 길을 가거라. 하나님께서는 내게 고난의 길을 걷게 하시지만 너희까지 그럴 필요는 없단다. 너희에겐 아직 살날이 많이 남았어. 이제 나에게는 너희에게 줄 아들들도 없고 또 나는 너무 늙어 아이를 가질 수도 없다. 그러니 너희들 고향으로 돌아가거라. 그리고 다시 좋은 배우자들을 만나기를 바란다.”

전 오르바를 쳐다보았습니다. 저처럼 그녀의 눈에도 눈물이 가득했어요. 그녀는 잠시 저 멀리 보이는 모압 땅을 가만히 바라보더니 마침내 우리에게 작별을 고하고 모압 땅을 향해 발걸음을 돌렸습니다. 이별의 아쉬움이 너무 커서 어머니와 저는 점점 작아져 가는 그녀의 뒷모습을 하염없이 바라보고 서 있었습니다. 전 떠나가는 오르바를 결코 비난하지 않았습니다. 나오미를 따라가면 그 낯선 땅에서 어떤 일이 닥칠 지도 모르는데다가 매우 힘든 삶이 우리를 기다리고 있을 것이 분명했기 때문입니다. 그래도 익숙한 고향으로 돌아가면 상황이 좀 더 나아지겠지요.

그렇게 오르바가 떠나는 모습을 지켜보다가 나오미에게 위로의 말을 건네려고 돌아보니 그녀는 벌써 저만치 앞서 가고 있었습니다. 조그만 짐 보따리를 단단히 쥐고 몸을 꼿꼿이 세운 채 걸어가는 나오미의 모습을 보니 비록 가다가 죽는 한이 있더라고 기필코 고향 땅을 밟겠다는 결연한 의지를 느낄 수 있었습니다.

이곳에서 베들레헴까지 여행을 한다는 것은 결코 만만한 일이 아니었습니다. 그곳에 가려면 가장 낮은 저지대로 알려진 아라바 골짜기를 통과해야 했습니다. 약 1200 미터에 달하는 골짜기를 걸어 내려가는 일 자체도 매우 위험하고 어려운 일이었지만, 뜨거운 열기와 모래 바람을 이겨내는 일도 실로 큰 문제였습니다. 이 골짜기를 통과하고 나서 유대 광야에 닿으면 또 그 광야 길을 따라 한참을 더 걸어야 비로소 베들레헴에 도착할 수 있었습니다.

이 여정이 험난하다는 사실을 잘 아는 저로서는 차마 나오미를 혼자 보낼 수는 없었습니다. 저는 서둘러 나오미를 따라잡고는 저를 떠나보내려는 그녀에게 제 마음을 털어놓기 시작했습니다.

"어머니, 저를 떠나보내지도 마시고 또 돌아가라고 하지도 마십시오. 어머니가 가는 곳에 저도 갈 것이고 어머니가 머무시는 곳에 저도 머물 것입니다. 어머니의 민족이 저의 민족이 될 것이고 어머니의 하나님이 저의 하나님이 될 것입니다. 어머니가 돌아가시는 곳에서 저도 죽고 그곳에 묻힐 겁니다."

눈물을 쏟으며 이렇게 외치는 저의 모습을 본 나오미는 고개를 설레설레 흔들며 깊이 한숨을 쉬었습니다. 하지만 제가 그녀와 동행하겠다는 말에, 그녀의 눈가에 있는 주름이 한결 부드러워졌고 발걸음도 좀 더 가벼워 진 것 같았습니다.

그러나 룻이 대답했습니다. "자꾸 저한테 어머니를 떠나거나 어머니에게서 돌아서라고 하지 마십시오. 어머니가 가시는 곳이면 저도 갈 것이고 어머니가 머무시는 곳이면 저도 머물 것입니다. 어머니의 민족이 제 민족이며 어머니의 하나님이 제 하나님이십니다." (룻기 1:16)

이렇게 둘이서 여행을 시작한지 일주일 정도 지났습니다. 그 동안 우리는 여행을 위해 준비했던 무화과나무 열매, 단단한 염소젖 치즈, 올리브, 그리고 빵으로 버티어 나갔습니다. 거친 여행길은 나오미와 저 모두에게 무척 어려운 일이었지만, 저에게는 그보다 더 견디기 힘든 점이 있었습니다. 젊은 여자인 제가 가는 곳마다 남자들이 눈길을 주고 관심을 보이는 바람에, 저는 혹시나 하는 걱정이 들어서 밤마다 옷 속 깊이 단도를 품은 채 선 잠을 자야 했습니다. 이렇게 고된 여정이 한동안 계속된 끝에 마침내 베들레헴 근방에 도달했을 무렵 저희는 매우 굶주리고 지친 상태였습니다.

고향에 다다르자 나오미는 그 어느 때 보다 더 피곤하고 우울해 보였습니다. "정말 나오미가 맞아요?" 오래 전에 그녀를 알던 먼 친척들이 찾아와 물었습니다. "이제 완전히 귀향을 한 건가요?”

호기심 어린 눈빛으로 그녀에게 물어보는 사람들에게 나오미는 이렇게 대답했습니다. “예, 하나님이 저에게 큰 고통을 주셨어요. 제가 이곳을 떠날 때만 해도 꽤 풍족했었는데 이제 모든 걸 다 잃고 다시 고향에 왔어요. 하나님은 제게 큰 고통을 주셨어요.”

슬픈 표정으로 이렇게 말하는 나오미를 쳐다보며 저는 그냥 옆에 묵묵히 있었습니다.

지금으로부터 약 10년 전, 베들레헴에 큰 흉년이 들자 나오미와 남편은 두 아들과 함께 나귀를 타고 고향을 떠났습니다. 비록 그때 상황은 어려웠지만 그래도 가족과 함께 있다는 사실에, 나오미는 마음이 든든했습니다. 하지만 이제는 모든 것이 다 사라지고, 오직 저만이 그녀에게도 한때 행복한 시절이 있었다는 사실을 상기시켜주는 통로였습니다. 물론 이것이 전부는 아니었습니다. 살아남기 위해 서둘러 먹을 것을 찾아오는 일도 저의 몫이었으니까요. 저는 서둘러 일을 시작했습니다.

다행히도 저희는 마침 늦은 봄 추수를 할 무렵 도착했습니다. 저는 맨 처음 베들레헴 땅으로 들어올 때 유난히 보리농사가 풍성하게 잘된 밭을 눈여겨보았습니다. 그리고 그곳에 가서 이삭을 주웠으면 좋겠다는 기대를 했습니다. 제가 알기로 가난한 사람들을 배려해서 추수철에 이삭을 줍도록 하는 것은 유대인의 전통이었습니다.

너희가 너희 땅의 수확물을 거둘 때 너희 밭의 가장자리까지 거두거나 수확한 후에 남은 이삭을 거두려고 밭으로 돌아가지 말라. 너희는 그것을 가난한 사람들이나 외국 사람들을 위해 남겨 두라. 나는 너희 하나님 여호와다.

(레위기 23:22)

베들레헴에 도착한 다음날, 해가 뜨자마자 저는 눈여겨보았던 그 밭으로 달려갔습니다. 그리고 그곳의 감독관에게서 허락을 받아 밭 가장자리에 떨어진 이삭을 주웠습니다. 그곳에서 일하는 젊은 농부들이 던지는 추파를 피하기 위해 그들과는 반대 방향으로 몸을 돌리고 고개를 푹 숙인 채 조용히 일만 했지요. 이들과 적당히 거리를 유지하면서 이삭을 줍는 일은 매우 힘들었습니다. 자루에 이삭을 채우려면 농부들과 너무 멀리 떨어져 있어도 안 되지만 그렇다고 너무 가까이 다가가면 저처럼 이삭을 주우려는 다른 여자들의 기분을 상하게 할 수도 있었으니까요.

이렇게 하루 종일 열심히 일한 후, 그 이삭을 모두 모아 나오미에게 가져갔습니다. 저는 나오미와 함께 노숙자 여인들이 거하는 변두리 지역에 머물고 있었는데 그곳에서 우리는 보리 이삭 일부를 다른 곡식과 바꾸어 빵을 만들기도 하고 죽을 쑤어 먹기도 했습니다.

아침 일찍 일을 시작해서 정오 무렵이 되면 열기가 만만치 않았습니다. 하지만 전 조금이라도 이삭을 더 많이 모을 생각에 마실 물을 가지고 오는 것도 종종 잊곤 했습니다. 일을 하는 동안에는 잠시도 쉬지 않았고 우연히 떨어져 있는 보리 한 대라도 보면 얼른 주웠고, 또 떨어진 이삭을 보면 급히 집어 자루에 넣었습니다. 하지만 지난 수개월 동안 슬픔과 굶주림이 쌓여서인지 몸도 많이 쇠약해졌고 쉽게 현기증이 나기도 했습니다.

이렇게 지치고 힘들 때면 제 남편 말론을 생각했어요. 그는 제가 여기서 이렇게 죽기를 원치 않을 것입니다. 물론 우리는, 조건에 맞추어 중매결혼을 했지만 세월이 흐르면서 저는 그이를 진심으로 신뢰하고 또 사랑하게 되었습니다.

잠시 동안 죽은 남편을 생각하고 있자니 새 힘이 생기는 것 같아 다시 허리를 구부려 이삭을 줍기 시작했습니다.

정신없이 일을 하다가 잠시 고개를 들어 보니 밭에서 일하는 소작농 몇 명이 옷을 잘 차려 입은 한 남자를 둘러싸고 이야기를 하는 모습이 보였습니다. 그 남자가 손으로 저를 가리키는 것 같았지만 저는 못 본 척, 상관하지 않은 채 계속 일을 했지요. 그런데 조금 있다가 그 남자가 제게 성큼성큼 다가오더니 자기 이름은 보아스이며 이 밭의 주인이라고 말했습니다. 서로 처음 보는 남녀가 이렇게 대놓고 말을 섞는 것이 왠지 합당치 않은 것 같아서, 저는 그의 시선을 슬쩍 피했습니다. 그러자 보아스가 제게 말했습니다.

"여인이여. 다른 곳으로 이삭을 주우러 가지 말고 계속 여기에 머물면서 내 종들과 함께 일하시오. 내가 이 사람들에게 당신을 괴롭히지 말라고 당부하였소."

저는 이 말을 들으며 호흡을 한 번 가다듬었습니다. '이 분이

왜 나에게 관심을 가져주는 걸까? 왜 나 같은 이방인을 존중해주며 '여인이여'라고 부르는 걸까?'

보아스가 말을 이었습니다. "아, 그리고 한 가지 더 있소. 혹시 목이 마르면 저기에 채워 놓은 물병에서 물을 따라 마셔도 괜찮소."

그가 친절하게 하는 말을 듣자, 지난 몇 주 간 쌓였던 피로와 슬픔, 긴장이 제 안에서 탁 풀리는 느낌이었습니다.

"저는 이방여인인데 어찌하여 저에게 친절을 베푸시고 이렇게 돌봐 주십니까?" 저는 용기를 내어 조심스럽게 그에게 물었습니다.

그러자 그가 말했습니다. "당신이 시어머니를 얼마나 잘 봉양하고 있는지 모두 들었소. 시어머니를 돌보기 위해 당신의 부모와 고향을 떠나, 알지도 못하는 민족과 함께 살려고 온 것도 말이요. 이스라엘의 하나님이 당신을 보호해 주실 것이오."

이 날은 손쉽게 자루를 금방 채울 수 있었습니다. 아마 보아스의 지시로 일꾼들이 일부러 여분의 이삭을 많이 남겨두고 추수를 한 것 같습니다. 그의 이러한 친절함 덕분에 저와 나오미는 보다 풍족하게 지낼 수 있었습니다.

여느 때보다 일찍 자루 한 가득 보리 이삭을 매고 들어오는 저를 보자 나오미가 물었습니다.

"오늘은 어디서 일을 했느냐? 누가 도와주었니?"

"보아스라는 사람의 밭에서 이삭을 주웠어요." 그러자 그녀의 표정이 갑자기 환해 졌습니다.

"할렐루야. 하나님께서 우리를 완전히 버리시지는 않았나 보구나. 그 남자는 우리의 친족이다. 내 딸아, 계속 그 사람 밭에서 일을 하거라."

보아스는 나오미가 알고 있는 사람이었습니다. 어머니의 말씀 속에 무언가 다른 뜻이 있는 듯 했지만 전 묻지 않고 그냥 잠잠히 있었습니다.

그 이후로도 저의 일상은 매일 매일 비슷했습니다. 보리 추수가 끝나자 밀 수확이 시작되었고, 전 아침 일찍 일어나 밭으로 나가서 일을 하고 저녁에는 자루 한 가득 이삭을 매고 돌아왔습니다. 전 보아스가 세심하게 저와 저의 어머니를 돕고 있다는 사실을 알 수 있었습니다. 또 그는 제가 밭에서 일을 하는 동안 저를 괴롭히지 말라고 소작인들에게 당부도 한 것 같았습니다. 사실 여종들이 밭에 나가서 일을 하다 보면 남자들이 괴롭히기 일쑤였거든요.

이제 베들레헴에서의 생활이 조금씩 안정을 찾게 되었고 그러면서 제 삶에도 조금씩 기쁨이 회복되기 시작했습니다. 나오미도 그렇게 느끼는 것 같았고요. 그녀도 점점 마음의 평안을 찾아가면서 앙상하게 여위었던 얼굴이 조금씩 밝아졌습니다.

"룻, 나에게 특별한 계획이 있단다." 어느 날 나오미가 저에게 말을 꺼냈습니다. "이제 너도 슬슬 너의 미래를 생각해야 할 때가 된 것 같구나."

전 그때 약간 주춤했어요. 말론이 세상을 떠난 지 아직 몇 개월 밖에 되지 않았으니까요. "내 말을 들으렴." 그녀는 계속 말을 했습니다. "네가 미리 앞날을 계획하고 준비하지 않는다면, 네 죽은 남편의 이름은 영영 잊히고 말거다."

전 이 말이 무슨 뜻인지 잘 알고 있었습니다. 유대인의 전통에 따르면 남편이 죽고 나면 그의 형제나 친척과 결혼해서 죽은 남편의 이름을 계속 유지할 수 있었습니다. 그리고 남편을 잃은 부인과 자녀들이 물질적인 궁핍함에서 벗어날 수 있었으며, 훗날 자녀들이 법적으로 유산 상속인이 될 수 있었습니다. 말론의 경우는 형도 함께 죽었기 때문에 상황이 좀 달랐습니다. 그리고 사실 이것이 저에겐 더 좋은 일이었어요. 왜냐하면 전 기론과 결혼하고 싶은 마음이 없었으니까요. 하지만, 보아스의 경우는 좀 달랐습니다. 그가 저를 위해 물과 음식을 마련해주고 다른 남자들로부터 저를 보호해 주었기 때문인지 그 사람 옆에 있으면 안전하다고 느꼈거든요.

나오미는 계속해서 저에게 말을 하였습니다. "오늘 밤 네 옷 중에서 가장 좋은 옷을 골라 입거라, 그리고 오늘밤에 타작마당으로 올라가거라. 오늘 저녁 보아스가 거기서 보리를 타작한 뒤에 잔치를 베풀 거야. 그가 다 먹고 마실 때까지 너는 모습을 드러내지 말고 숨어 있거라. 대신 그가 어디에 자리를 펴는지 유심히 보아두었다가 잠자리에 들면 조용히 그 사람 곁에 가서 누워라 그리고 나면 그가 네게 무엇을 해야 할지 말해 줄 것이야."

> 그리고 그가 누우면 그가 눕는 곳을 알아두었다가 거기에 가서 그의 발치에 있는 이불을 들치고 누워라. 그러면 네가 어떻게 해야 할지 그가 알려줄 것이다. (룻기 3:4)

저는 순간 제 귀를 의심했습니다. 지금 어머니가 저에게 보아스를 유혹하라고 하시는 건가요? 그러다가 제가 모두에게 망신을 당하거나 해를 당할 수도 있는데 말이에요?

저를 바라보는 그녀의 눈빛은 '그렇다'고 말하는 것 같았어요. 전 이 상황을 믿을 수 없었고 이해할 수도 없었지만 그래도 나오미의 말에 순종하기로 결정했습니다. 저는 비록 낡았지만 가장 깨끗한 옷을 단정하게 차려입고 나오미가 전에 주었던 향유도 조금 바른 다음 보아스를 만나러 갈 준비를 하였습니다.

타작마당은 축제 분위기가 한창이었습니다. 언덕 위에 수북이 쌓여있는 보릿단들을 탈곡 하면서 남자들은 흥에 겨워 피리와 탬버린 소리에 맞추어 노래하고 춤을 추었습니다. 지난 수개월 동안 등이 휘도록 수고한 것을 마무리하는 때였으니만큼 이들은 먹고 마시며 서로 한 해의 수확을 축하했습니다. 여인들은 타작마당에 출입하지 못했습니다. 그래서 저는 혹시라도 들킬까봐 저 멀리 어두운 곳에 숨어서 이들을 지켜보았습니다. 일정이 모두 끝나고도 한참이 지난 뒤에야 보아스는 높이 쌓아 올린 곡식 단 뒤쪽에 잠자리를 펴고 누웠습니다. 잠시 후 모두가 깊이 잠든 것을 확인한 후에 저는 살며시 보아스가 누워있는 곳으로 다가가 나오미가 말한 대로 그의 발 한 켠에 조용히 누웠습니다. 얼마가 지났을까, 발 근처에 인기척을 느낀 보아스는 깜짝 놀라 일어났습니다.

한밤중에 그 사람이 깜짝 놀라 뒤돌아보았습니다. 자기 발치에 한 여자가 누워 있었습니다. 그가 물었습니다. "누구요?" 룻이 대답했습니다. "당신의 여종 룻입니다." (룻기 3:8–9a)

"누, 누구시요?" 그가 물었습니다.

저는 떨리는 마음을 진정시키며 겨우 대답을 했습니다. "저는 당신의 종 룻입니다. 이리 가까이 오셔서 당신의 겉 옷으로 저를 가려 주십시오."

사실 이때 보아스가 원하기만 했다면 저를 겁탈할 수도, 아니면 타작마당으로 내쳐서 모두에게 망신을 당하게 할 수도 있었습니다.

하지만 그는 선한 사람이었습니다. 그가 가까이 다가와 제 어깨를 감싸자 제 눈에 눈물이 그렁그렁 맺혔습니다. 몇 달 전 나오미와 함께 베들레헴을 출발한 이후 처음으로 흘리는 눈물이었습니다.

"당신은 존귀한 여인이요." 그는 나지막이 속삭였어요. "당신이 다른 젊은 남자들이 아닌 나를 선택했다는 것만으로 난 매우 기쁘오. 당신이 무엇을 원하든 내가 들어주겠소."

> 그리하여 룻은 아침까지 그 발치에 누워 있다가 사람이 서로 알아보기 어려울 때 일어났습니다. 이것은 보아스가 "여자가 타작마당에 왔다는 사실이 알려지지 않게 하여라" 하고 말했기 때문입니다. (룻기 3:14)

그리고 날이 밝기 전 보아스는 내 자루에 보리를 한 가득 담아 주고는, 아직 아무도 일어나지 않은 새벽 미명에 나를 집으로 돌려보냈습니다.

아직 캄캄한 이른 새벽, 집 근방에 이르자 누군가 어둠속에서 보아스가 제게 했던 것과 똑같은 질문을 했습니다.

"누구세요?"

물론 이 사람은 나오미였습니다. 제게 누구냐고 묻는 그녀의 물음은 마치 어떤 결과를 가지고 돌아왔느냐고 묻는 것 같았습니다. 여전히 짝을 찾지 못한 불쌍하고 가여운 룻인 채로 돌아왔는지, 아니면 새로운 미래를 열 희망으로 가득 찬 룻이 되어 돌아왔는지 그것을 묻고 있는 것 같았어요.

전 타작마당에서 일어났던 일을 그녀에게 모두 말해 주었습니다.

이 이야기를 전부 듣고 난 뒤 나오미가 말했습니다. "보아스가 마땅히 행해야 할 일을 할 것이다. 그때까지 잠잠히 기다리거라."

그날 저녁 보아스가 저를 찾아왔습니다. 먼저 제 가문의 기업을 무를 권리가 있는 친족을 만나 담판을 짓고 오는 길이었습니다. 그는 친족으로서 저를 아내로 취할 때 행해야 할 여러 가지 절차에 대해 이야기했고, 그 친족이 권리를 포기한 결과, 저는 보아스와 결혼 할 수 있게 되었습니다. 새로운 미래를 소망하고 꿈꾸는 일은 항상 부질없는 일만은 아닌가 봅니다. 우리는 마침내 결혼을 했고, 얼마 되지 않아 저는 아주 잘 생긴 사내아이를 낳았습니다.

나오미가 그 아이를 처음으로 안았을 때 동네 여인들이 모두 그녀에게 몰려와 "나오미에게 아들이 생겼어요. 나오미에게 아들이 생겼어요."라고 하며 아이의 이름을 오벳이라 지으라고 제안했습니다.

새로운 가족들과 친구들이 생기고 안전이 보장된 미래 덕분에 저와 나오미는 참으로 기뻤습니다. 기쁨으로 훤해진 나오미의 얼굴을 보고 있으려니

고향으로 돌아가기 위해서라면 무엇이라도 불사하겠다는 결연한 각오로 발걸음을 내디뎠던 한 고독하고 슬픈 여인의 얼굴이 스쳐지나갔습니다. 나오미는 이것이 옳은 길이라고 믿었기 때문에 여러 위험은 물론 죽을 위험까지 무릅쓰고 이 길을 택했겠지요.

떠날 때는 가족과 친구들 그리고 익숙한 것들로부터 멀어지게 되지만, 기대하지도 못한 새로운 시작을 선물로 얻게 됩니다. 베들레헴으로 돌아와 보아스를 만나 결혼하고 오벳을 낳은 일이 저희에게는 바로 그 놀라운 선물이었어요. 또 오벳은 장차 이새를

낳고 이새는 이스라엘에서 가장 탁월한 왕이요, 위대한 시인이 된 다윗을 낳아 키우는 축복을 누리게 되었으니까요.

그리고 세월이 많이 흐른 뒤에 저의 후손 중 한 여인이 여러 가지 어려움을 견디며 이곳 베들레헴까지 와서 아이를 낳았는데 그 아이가 바로 예수, 이 땅에 오신 하나님의 아들입니다.

이 땅에서 우리는 각자 자신이 받은 분깃에 맞게 산다고 생각합니다. 제 삶의 분깃은 강인하고 고집도 센 시어머니를 따라 한 발자국 한 발자국 함께 걸어가는 것이었지요. 이제와 생각해 보니 그녀와 제가 이 여정을 포기하지 않고 끝까지 함께 하도록 도와주신 하나님께 감사할 뿐입니다.

나오미 이야기

전 며느리들에게 집으로 돌아가라고 했습니다. 물론 그 애들이 싫어서가 아니었어요. 제 며느리들은 아직 젊고 예뻐서 충분히 새 가정을 일구고 아이를 낳을 수 있었기 때문입니다. 물론 풋풋하고 어린 처녀들은 아니었지만, 나 같은 늙은이도 아니었으니까요.

그러나 나오미가 말했습니다. "내 딸들아, 집으로 돌아가거라. 왜 나와 함께 가려고 하느냐?" (룻기 1:11a)

제가 이 말을 했을 때 우린 이미 모압 땅에서 약 8킬로 정도 떠나온 뒤였습니다. 여기까지 따라와 준 것만으로도 고마울 따름이었습니다. 하지만 이제부터는 저 혼자서 나머지 50킬로의 여정을 가야 했습니다. 가파른 골짜기와 거친 광야 그리고 황량한 사막을 지나야겠지요.

이런 고생을 제 딸과 같은 며느리들에게까지 시키고 싶지 않았습니다. 그들에게는 따뜻한 잠자리와 좋은 식사 그리고 그들을 품어줄 새로운 짝이 필요했어요. 이들은 참으로 나에겐 과분한 며느리들이었어요. 물론 저도 시어머니인지라 며느리들이 모두 만족스러운 것은 아니었지만 이 아이들은 제게 할 도리를 다 했습니다. 여기까지 시어머니를 배웅해준 것만으로도 매우 고마웠습니다.

마지막 작별 인사를 하면서 저는 윤기 잃은 오르바의 머리카락을 부드럽게 쓰다듬어 주었습니다. 그리고 마지막으로 룻의 두 뺨을 어루만져주었죠. 저는 그들에게 사랑한다고 말해 주었어요.

이제 떠나야 할 시간이 왔습니다. 전 홀로 이 길을 가야만 했고, 어쩌면 죽음이 저를 기다리고 있을지도 모르죠. 하지만 전 고향 땅에 묻히고 싶었어요. 그곳은 하나님께서 우리 민족에게 주신 약속의 땅이었으니까요. 혹시 고향으로 돌아가는 길에 무슨 일이 생긴다 하더라도 이 결정에 후회하지 않을 것 같았습니다.

작별 인사를 고한 후 전 고개를 푹 숙인 채 다시 베들레헴을 향해 걷기 시작했어요. 혼자서 말이죠. 하지만 이것은 제 착각이었습니다. 뚜벅. 뚜벅. 제 뒤를 따라오는 누군가의 인기척이 들렸습니다.

저는 뒤따라오는 그녀를 보지 않으려고 애썼습니다. 물론 누가 제 뒤를 따라오는지 잘 알고 있었지만요. 그 얼굴은 제 마음에 새긴 얼굴이었으니까요. 진한 갈색 눈동자, 부드러운 피부, 끝이 빨갛게 그을린 검고 곧은 머리카락, 체구는 작지만 마음만은 넓고 귀한 여인.

"돌아가거라."

"싫어요, 어머니."

"네가 지금 나랑 가면 평생 이 늙은이와 함께 살아야 돼. 게다가 난 그리 오래 살지도 못할 거야. 내게 집이 있다고 해도 그건……."

"그만하세요. 전 어머니의 아들과 결혼했어요. 그러니까 어머니는 저의 어머니에요."

"돌아가거라!"

"그 보따리를 제게 주세요. 안 그러시면 그 보따리를 멀리 던져 버릴거에요. "

그녀와 제가 닮은 점은 발이 작다는 것만이 아니었습니다. 남자들은 자기 어머니와 닮은 여자와 결혼 한다고들 하지요? 제 아들 말론의 경우가 꼭 그랬어요. 룻은 저와 매우 닮았거든요. 고집불통인데다가, 단호했지만 그래도 늘 밝고 명랑했지요.

당신은 험한 여정을 함께 할 동행이 생겼다며 내가 기뻐했을 거라고 생각할지 모르지만 절대 그렇지 않았습니다. 전 룻을 진심으로 아꼈기 때문에, 룻이 새 가정을 이루고 편안하게 살기를 바랐어요. 나처럼 혼자서 외롭게 늙지 않구요.

"네 자신을 생각해라, 룻. 베들레헴에 가다가 죽을 수도 있어. 우리가 과연 그곳에 도착이나 할 수 있을지도 잘 모르겠구나."

"저도 알아요, 어머니" 룻이 말했어요. "잘 알고 있어요."

사실 룻이 없었더라면 전 베들레헴까지 가지도 못했을 겁니다. 말 그대로 룻은 제 생명의 은인입니다.

"어머니, 전 많이 먹지도 않잖아요." 룻이 웃으며 말했습니다. "전 밥통이 작으니까요."

하지만 시간이 흐를수록 룻은 점차 야위어갔고 얼굴 여기저기에 검푸른 빛이 짙어졌습니다. 어느 날, 화롯가 가까이에서 잠든 룻의 얼굴을 자세히 살펴보니, 오랫동안 굶주린 탓에 배가 아픈지 고통스러운 표정을 짓고 있었습니다.

사실 제가 베들레헴에 도착했을 때 전 제 오랜 친구들이 저희를 환대해 주며 집과 음식을 제공해 주겠지 하고 내심 기대했습니다. 하지만 현실은 정반대였지요. 그들은 수군거리며 저의 주변에서 웅성거릴 뿐, 누구 하나 가까이 다가와 말을 걸지도 않았습니다.

"저 사람, 나오미가 맞아?" "무슨 일이 있었던 걸까?" "완전 늙어 버렸네." "저러다가는 금방이라도 세상을 떠날 것 같은데."

그들은 하나 같이 제게서 등을 돌렸어요. 10년 전에 고향 베들레헴을 등지고 떠날 때 제가 그랬던 것처럼 말입니다. 물론 그때 흉년이 심했지만 저도 남들처럼 그냥 이곳에 머물렀어야 했는지도 몰라요. 하나님이 우리를 책임져 주실 거라 굳게 믿으면서 말이죠. 하지만 만약 그랬다면 전 룻을 만나지도 못했겠지요.

우리는 여자 노숙자들이 주로 머무는 도시의 변두리 쪽을 향했어요. 날이면 날마다 룻은 밭에 나가 양식을 구걸했지요. 그녀가 빈손으로 그냥 돌아올 때면 그녀가 가여워서 제 가슴이 무너지곤 했습니다. 저야 어떻게 되든 상관없었지만 룻이 너무 가여웠어요.

그러던 어느 날 룻이 붉은 콩과 살구 그리고 무화가 열매 조금을 가지고 집으로 돌아왔습니다.

"이것을 어디서 얻었느냐?"

"누가 그냥 제게 주었어요. 하나님이 우리를 돌보고 계신 것 같아요, 어머니."

하지만 전 의심이 들었습니다. 사람들이 우리처럼 가난한 사람들에게 그저 인심을 베푸는 일은 극히 드물었으니까요.

그날 밤 룻의 손가락과 목을 쳐다보고 있으려니 무언가 허전한 느낌이 들었습니다. 그러고 보니 말론이 룻에게 선물한 이후 지난 수년간 차고 있던 목걸이가 없더군요. 그 때 전 깨달았죠. 룻이 저에게 줄 양식을 얻으려고 목걸이를 팔아 버렸다는 사실을요.

그날 밤 허름한 담요를 덮은 채 잠이 든 룻을 바라보자니 그 어느 때보다 더 사랑스럽게 보였습니다. '남편과 두 아들까지 잃어버린 팔자 사나운 내가 무슨 좋은 일을 했기에 이렇게 귀한 딸을 얻었을까?' 저는 그녀를 물끄러미 쳐다보며 이러한 생각을 하였습니다. 그리고 그녀를 위해 마음속으로 기도를 하였습니다.

'하나님, 룻은 참으로 착한 딸입니다. 우리를 도와주십시오. 우리가 살 길을 찾도록 인도해 주십시오. 우리가 가정을 꾸릴 수 있도록 도와주십시오. 많은 것을 바라지는 않겠습니다.'

그러던 어느 날 기적과 같은 일이 일어났습니다. 룻이 보아스의 밭으로 이삭을 주우러 간 것입니다. 보아스는 저랑 먼 친척뻘 되는 사람이었는데 다행히도 그는 룻에게 매우 친절했습니다. 그는 룻이 아름다웠기 때문에 친절하게 대한 걸까요? 아니면 룻의 효심이 무척 깊다는 말을 들었기 때문이었을까요? 아니면 단지 그가 선한 사람이었기 때문에 친절을 베푼 것일까요?

전 이때부터 이런 저런 생각을 하며 기도했습니다. 전 보아스가 심성이 착한 사람이란 사실을 알았고 또 하나님이 선하시다고 믿었습니다. 결국 우리 인생의 여정을 인도하시는 분도 하나님이시니까요. 그리고 하나님은 우리가 그분이 하시는 일을 그저 구경만 하는 게 아니라 적극적으로 참여할 때 기뻐하신다고 믿었습니다.

사실 제가 룻에게 타작마당에 가서 보아스 곁에 누우라고 했다는 사실을 아직도 믿을 수가 없습니다. 도대체 이러한 제안을 하는 시어머니가 세상 어디에 있을까요?

"먼저 그가 충분히 쉴 때까지 기다려라. 그 후에 조용히 그의 곁으로 가서 누워라. 그리고 그에게 외투를 덮어 달라고 말하여라."

예, 그렇습니다. 그 말을 하는 순간 저는 룻에게 매우 위험한 제안을 한 것이었습니다. 이로 인해 룻은 폭행을 당하거나 베들레헴 전체에 웃음거리가 되거나 감히 이방 여자 주제에 이스라엘 남자를 유혹했다며 돌에 맞아 죽을지도 몰랐으니까요

그날 밤 룻이 타작마당으로 갔다가 다시 돌아올 때까지 전 계속 두려움과 초조함으로 떨었습니다. 어느 순간에는 저 언덕 너머 타작마당에서 여인이 비명을 지르는 소리가 나는 것 같기도 했습니다. 물론 그건 그냥 바람소리였습니다.

다음 날 새벽 룻이 자기 몸집만큼이나 큰 자루를 메고 비틀비틀 집으로 돌아왔을 때, 전 이 사실을 믿을 수가 없었어요.

그 이후로 하나님은 우리에게 필요한 것을 모두 공급해 주셨습니다. 그리고 신실한 룻과 선한 보아스에게 새 생명 오벳을 허락해 주셨습니다. 그리고 이 아이가 자라서 다윗 왕의 조부가 되었

답니다.

다윗은 영감이 탁월하고 신의가 넘치는 사람이었습니다. 그는 작은 양떼를 돌볼 때나 이스라엘 민족 전체를 이끌 때나 동일하게 신실함과 사랑으로 이들을 지키고 보호해 주었습니다. 그가 어떻게 이렇듯 훌륭한 성품을 갖게 되었을까요? 저는 다윗이 룻과 보아스의 성품을 많이 닮았다고 생각합니다. 물론 조금이나마 이 고집 센 늙은이에게서도 무언가 좋은 영향을 받았다면, 저로서는 매우 기쁘고 감사한 일이지요.

룻이 우리에게 주는 교훈

룻은 자신이 옳다고 믿는 바를 견고히 붙잡고 시어머니 나오미를 따라 이방 땅으로 떠났다. 비록 그 땅에서 모압 출신이라는 이유로 여러 가지 무시와 천대를 당할 수 있음에도 말이다. 그녀는 신실했할 뿐만 아니라 어쩌면 무모해 보일정도로 대담했기 때문에 자신 뿐 아니라 나오미를 위해서 새로운 삶을 열 수 있었다. 룻은 또한 장차 오실 예수 그리스도의 족보에 들어가게 됨으로써, 그리스도의 보혈이 유대인 뿐 아니라 이방인들까지 구원시키리라는 사실을 암시한다.

••• 룻의 이야기를 통해 무엇을 배울 수 있는가?

✔ 당신이 슬픔 마음으로 가득 찬데다가 늙고 고집까지 센 시어머니를 따라 새로운 땅으로 떠난다고 상상해보라. 당신이라면 무슨 생각을 하겠는가? 당신은 결과를 전혀 알 수 없는 일에 자신을 던져 본 경험이 있는가? 그 과정에서 어떻게 하나님을 경험했는가? 그리고 그 결과는 어떠했는가?

- 룻은 시어머니인 나오미를 섬기는 데 전심전력을 다했다. 당신의 주변에도 온 힘과 정성을 쏟아 붓게 만들고, 또 모험을 감행하게 하는 사람이 있는가? 당신은 그러한 경험 덕분에 하나님과 더 가까이 교제하게 되었는가? 구체적으로 나누어 보라.
- 라합과 마찬가지로 룻도 예수님의 족보에 속한 이방여인이었다. 이것이 왜 중요하다고 생각하는가? 당신 가문에도 평범하지 않은 사람이 있는가? 만약 그렇다면 이들이 어떻게 차이점을 만들었다고 생각하는가?

룻에 대해 좀 더 알고 싶으시면 뒤에 있는 부록 286면을 참조하세요

일곱 번째 이야기

술람미

7

술람미

- 열정적인
- 그리움을 자아내는
- 감각적인
- 관심을 집중한
- 활기찬

관련 성경 구절 : 아가서
배경 : 예루살렘과 교외, BC 950
이야기의 중요성 :

아가서에서 사랑에 대해 서정적이면서 감각적인 표현을 하고 있다.

술람미_ 사랑과 욕망

| 저자의 노트

솔로몬의 노래라고 알려진 아가서의 출처와 구성에 대해 많은 학설이 존재한다. 어떤 신학자는 700명 중의 한 명인 여인과의 구애와 결혼 연회를 묘사하는 솔로몬 자신이 작가라고 한다. 다른 사람은 이 시가 여러 개의 고대 자료로부터 유래하는 세 편에서 스물 다섯 편의 시들로 엮여져 있다고 한다.

아가서의 작가는 이성적인 여인이 수백 명의 부인들 중 한 명으로써 진실한 사랑을 표현하기가 쉽지 않다고 생각했다. 그러므로 이 시의 주된 화자는 유대의 산등성이가 완만히 이어진 지역에 사는 목자와 사랑에 빠진 여인이라고 전제하는 것이 더 적절하다. 오늘날까지 이름이 알려지지 않고 "술람미"라고 불리는 이 여인은 출신 지역과 관련되어 있을 것이다. 그 여인을 왕의 사자가 왕의 부인 중 한 명으로서 예루살렘에 있는 솔로몬의 궁전에 데려 왔을 것이다. 가난하지만 보다 소중한 사랑(그녀의 눈에는 진정한 왕인)과 다시 결합하고 싶은 간정한 희망으로 그녀는 그를 찾고 사랑하고, 솔로몬이 아닌 사랑하는 이와 결혼하고자 하는 열정적인 이야기를 하고 있다.

이 부분은 아주 로맨틱하고, 그리움을 자아내며, 감각적이면서도 감동적이기 때문에, 아가서는 성경 속 다른 이야기와 다르다. 원래의 산문을 보다 강력한 방법으로 표현할 수 없기 때문에, 다음에 성경 본문을 발췌하였다. 그 다음에는 역사적 사실과 소설에 바탕을 둔 이야기가 펼쳐진다.

힌트

아가서에는 진정한 사랑의 여정에서 겪는 어려움과 변화과정이 표현되어 있다. 단순한 논리가 여기서는 통하지 않을 것이다. 그러니 포도주나 석류 주스와 약간의 초콜렛과 함께 느긋이 앉아서 읽는 것도 좋을 것이다. 천천히 읽고 당신의 심장이 이끄는 대로 느끼기를 바란다.

여자

그의 입술로 내게 입 맞추게 하소서. 당신의 사랑은 포도주보다 더 달콤합니다.
당신에게서 풍겨나는 감미로운 그 향기, 그대 이름은 부어 놓은 향수 같아 젊은 여인들이 당신을 사랑할 수밖에 없어요.
나를 데려가 주세요. 조금만 더 서둘러 주세요. 왕의 침실로 나를 이끌어주세요. 우리가 즐거워하며 그대 안에서 기뻐할 것입니다. 우리가 포도주보다 더 달콤한 그대의 사랑을 기억할 것입니다. 젊은 여인들이 그대를 사랑함이 당연합니다.

비록 내 살결은 검지만 나는 사랑스럽답니다. 예루살렘의 딸들이여. 비록 내가 게달의 장막처럼 검다 해도 솔로몬의 휘장처럼 아름답습니다. (아가서 1:2-5)

내 사랑하는 그대여. 내게 말해 주세요. 당신의 양 떼를 어디에서 먹이시는지, 한낮에는 어디에서 쉬게 하시는지. 왜 내가 이리저리 헤매며 당신 친구들의 양 떼 가운데서 그대를 찾게 하시나요? (아가서 1:7)

남자

가장 아름다운 여인이여, 만약 그대가 모른다면 양 떼를 따라가 보세요. 그리고 목자의 천막 곁에서 그대의 어린 염소를 먹이며 기다려 보세요.
내 사람이여, 바로의 전차를 끌고 달리는 말들에 그대를 비유할까요.
땋은 머리카락으로 흘러내린 그대의 두 뺨이, 보석으로 감은 그대의 목이 너무도 아름답네요.
우리가 금으로 엮어 은으로 장식한 귀걸이를 그대에게 만들어 드리겠습니다. (아가서 1:8-11)

여자

내가 사랑하는 분의 목소리가 들려오네요! 보세요! 저기 그분이 오시네요! 산을 뛰어넘고 언덕을 내달려 오시네요! 내가 사랑하는 그분이 노루처럼, 어린 사슴처럼 달려오네요. 보세요! 우리 집 담장 너머에 서 계시는 그분을, 그가 창문으로 바라보며 창살 틈으로 들여다보고 계시네요. (아가서 2:8-9)

남자

"내 사랑이여, 일어나세요. 아름다운 내 사람이여, 나와 함께 가요."
겨울은 지나갔으며 내리던 비도 그쳤고
땅에는 꽃들이 피어나며 새들이 노래하는 때가 왔어요. 우리 땅에는 비둘기 우는 소리가 들려옵니다. (아가서 2:10b-12)

여자

밤마다 나는 내 침상에서 내 마음 깊이 사랑하는 그분을 찾습니다. 그러나 그분을 찾을 수 없네요.
이제 일어나 길거리로, 광장으로 나가봅니다. 내 마음 깊이 사랑하는 그분을 찾아봅니다. 하지만 그토록 그분을 찾아도 그는 보이지 않네요.
성안을 순찰하는 파수꾼들을 만나 이렇게 묻습니다. "내 마음 깊이 사랑하는 그분을 못 보셨나요?"
그들을 지나치자마자 내 마음 깊이 사랑하는 그분을 만났습니다. 나는 놓칠세라 그분을 꼭 붙들고는 내 어머니의 집으로, 내 어머니께서 나를 가지신 그 방으로 들어갔답니다.

(아가서 3:1-4)

남자

당신의 목은 무기를 두려고 세운 다윗의 탑과 같으니 거기에는 1,000개의 방패들, 전사들의 방패들이 걸려 있습니다.
그대의 두 젖가슴은 백합화 사이에서 풀을 뜯는 두 마리 쌍둥이 노루 같아요.

날이 저물고 그림자가 사라질 때까지 나는 몰약의 산을, 유향의 언덕을 오르겠습니다. (아가서 4:4-6)

내 누이여, 내 신부여, 그대가 내 마음을 빼앗아 갔습니다. 그대의 단 한 번 눈길로, 당신 목에 있는 단 하나의 장식으로, 그대는 내 마음을 빼앗아 갔습니다.
내 누이여, 내 신부여, 그대의 사랑이 얼마나 달콤한지요! 그대의 사랑은 어떤 포도주보다도 감미롭고 그대의 향기는 그 어떤 향내와도 비교할 수 없네요.
내 신부여, 그대의 입술에서는 꿀송이가 흘러 나오고 그대의 혀 밑에 맺혀 있는 젖과 꿀이 느껴집니다. 당신 옷의 향기는 레바논의 향기 같네요. (아가서 4:9-11)

여자

나는 자고 있었지만 내 마음은 깨어 있었습니다. 들어 보세요! 내가 사랑하는 그분이 문을 두드리시네요. 내 누이여, 내 사랑이여, 문을 열어 주세요. 내 비둘기여, 흠 없는 내 사람이여, 내 머리는 이슬에 흠뻑 젖었고 내 머리칼에는 밤이슬이 가득합니다. 나는 이미 옷을 벗었는데 다시 입어야 하나요? 나는 발을 씻었는데 다시 더럽혀야 하나요?
내가 사랑하는 그분이 문틈으로 손을 들이미시니 내 마음이 그분으로 인해 두근거리기 시작합니다.
내가 사랑하는 그분을 위해 문을 열려고 일어날 때 몰약이 내 손에서 몰약의 즙이 내 손가락을 타고 흘러 문빗장에 닿습니다.
내가 사랑하는 그분을 위해 문을 열었는데 내 사랑하는 그분은 떠나고 없네요. 그분이 없어 내 마음은 무너져 내립니다. 그분을 찾았지만 찾을 수 없습니다. 그분을 불렀지만 대답이 없습니다. (아가서 5:2-6)

합창(코러스)

가장 아름다운 여자여, 당신이 사랑하는 분이 다른 이보다 얼마나 더 나은가요? 당신이 사랑하는 분이 다른 이보다 얼마나 낫기에 우리에게 이렇게 부탁하나요? (아가서 5:9)

여자

내가 사랑하는 그분은 깨끗한 외모에 혈색이 붉은 건강한 분이랍니다. 수많은 사람들 가운데서도 뛰어나지요. (아가서 5:10)

그의 입은 달콤하기 그지없으니 그가 가진 모든 것이 사랑스럽습니다. 예루살렘의 딸들이여, 이분이 바로 내가 사랑하는 그분, 내 친구입니다. (아가서 5:16)

합창

가장 아름다운 여인이여,
당신이 사랑하는 그가 어디로 갔나요?
당신의 사랑하는 그는 어디로 갔나요?
우리가 당신과 함께 그를 찾을 수 있나요?

여자

내가 사랑하는 그분은 그의 동산으로, 향기로운 꽃밭으로 내려가 동산에서 양 떼를 먹이시며 백합화를 꺾고 계시겠죠.
나는 내가 사랑하는 그분의 것이고 내가 사랑하는 그분은 내 것입니다. 백합화 사이에서 그분이 양 떼를 먹이시네요.

(아가서 6:2-3)

남자

내 사랑이여, 그대는 디르사처럼 아름답고 예루살렘처럼 사랑스럽습니다. 깃발을 높이 든 군대처럼 위엄이 있습니다.
그대가 바라보는 두 눈을 나는 감당할 수 없으니 그대여 눈을 돌려 주세요. (아가서 6:4-5a)

돌아와요, 돌아와요, 술람미여. 돌아와요, 돌아와요, 우리가 그대를 볼 수 있도록. (아가서 6:13)

귀한 사람의 딸이여, 신을 신은 그대의 발이 얼마나 아름다운지요. 우아한 그대의 다리는 장인의 손으로 정성들여 세공한 보석과 같습니다.
당신의 배꼽은 혼합 포도주를 가득 부은 둥근잔 같고 그대의 허리는 백합화로 두른 밀단 같습니다.
그대의 젖가슴은 암사슴의 쌍둥이 새끼 같고 (아가서 7:1-3)

내 사랑이여, 그대가 얼마나 아름답고 얼마나 매혹적인지 나를 기쁘게 하네요.

그대의 키는 종려나무처럼 크고 늘씬하며 그대의 젖가슴은 그 열매 송이 같아요.
나는 말했습니다. "내가 그 종려나무에 올라가서 그 열매를 따오겠어요." 그대 젖가슴은 포도송이 같고 그대 콧김은 사과 향내 같으며 (아가서 7:6-8)

여자

나는 내가 사랑하는 그분의 것이고 그분의 마음은 나를 향해 있습니다.
내가 사랑하는 분이여, 우리 함께 들로 나가요. 그곳 마을에서 밤을 지내요.
이른 아침 포도원에 나가 포도 싹이 돋았는지, 꽃이 피었는지, 석류꽃이 피었는지 함께 봐요. 거기서 제 사랑을 드리겠어요.
(아가서 7:10-12)

남자

사랑하는 사람에게 기대어 거친 들에서 올라오는 저 여인은 누구인가요? 사과나무 아래에서 내가 당신을 깨웠습니다. 당신의 어머니께서 당신을 가지시고 산고를 겪으며 거기에서 당신을 낳으셨습니다. (아가서 8:5)

여자

나를 당신 마음에 도장처럼 새기고 나를 당신 팔에 도장처럼 새겨 두세요. 사랑은 죽음만큼이나 강하고 질투는 무덤만큼이나 잔인해 불꽃처럼 거세게 타오릅니다.

많은 물도 그 사랑의 불을 끌 수 없으며 홍수도 그것을 덮어 끌 수 없습니다. 누군가 자기 모든 재산을 다 주고 사랑과 바꾸려 한다면 그는 웃음거리가 될 것입니다. (아가서 8:6-7)

남자

동산에서 거하는 그대여, 친구들이 그대의 음성에 귀 기울이고 있어요. 내게 그대 목소리를 들려주세요. (아가서 8:13)

여자

내가 사랑하는 분이여, 서둘러 오세요. 향기로운 산에 있는 노루처럼 어린 사슴처럼 내게로 (아가서 8:14)

술람미

저는 솔로몬 왕의 궁전에 갇혀 있습니다. 그의 하렘에 갇혀 있어요. 다른 여자들은 거기에 있는 것을 좋아하는 듯합니다. 그들은 마치 말과 같은 느낌이 듭니다. 활기차고, 잘생기고 원기왕성한 말들. 그들은 매일 다듬고, 씻고, 손질을 하고, 땅 위를 바쁘게 걸어 다니면서, 맑은 공기를 마십니다. 그리고 돌아가서 발굽 위를 손질하지요. 예루살렘에서 궁전 생활이 그들이 원한 모든 것처럼 보였습니다. 왕의 아이를 임신할 가능성, 그들보다 더 위대한 무엇인가에 속할 가능성, 그들의 아이들이 수백 명, 수천 명의 자손 중에 한 명으로서 역사에 기록될 가능성을 생각하지요.

그들은 왕과 단순히 동침하는 것을 원할 수도 있어요. 매일 밤 그들은 궁전의 큰 방에서 왕에게 선 보입니다. 왕은 굉장히 점잔을 빼면서 걷다가, 마침내 한 여자를 선택할 것입니다. 자랑스럽게, 최소한 하룻밤 동안, 왕의 마음에 든 그녀는 어깨를 뒤로 하고 머리를 곧게 세우고 일어나겠지요. 그리고 그렇지 못한 다른 사람들은 하렘 속 각자의 방으로 돌아가서 잠듭니다.

솔로몬은 700여 명의 부인과 3백여 명의 첩이 있었습니다. 음식, 거처, 보호, 그리고 품위있는 왕의 보살핌에 대해 의심할 여지는 없습니다. 그 보답으로 그들은 왕국과 이스라엘식으로 교육받은 왕족의 자손들을 갖게 됩니다. 아마도 이것은 그의 방식으로 평화를 유지하는 방법일 것일지도 모릅니다. 그가 모든 문화의 여자들을 사랑한다는 것은 공공연한 사실이었습니다. 모압족, 에돔 사람, 이오니아 사람, 히타이트족, 암몬인, 그리고 이스라엘인들 등과 매일 수없이 부딪혔습니다. 그리고 그들 모두 아름다웠습니다.

그 여자들이 그를 사랑했을까요? 그들이 결혼의 진정한 의미를 알았을까요? 그 여자들이 그를 사랑했을 수는 있지만, 아마도 결혼의 진정한 의미는 몰랐을 것입니다.

스스로 그렇게 생각해 본 적은 없지만, 저는 약간 반항아였습니다. 목적은 간단했습니다.

계속 사랑해 왔던 사람과 결혼하는 것. 그의 모든 것을 내 것으로 만드는 것. 그를 나의 것으로 주장하는 것. 모든 사람들이 볼 수 있도록, 그를 향한 사랑을 내 심장, 소매와 이마 높은 곳에 인장을 찍는 것.

그런데 제가 바라던 그 남자가 왕은 아니었습니다.

> 나를 당신 마음에 도장처럼 새기고 나를 당신 팔에 도장처럼 새겨 두세요. 사랑은 죽음만큼이나 강하고 질투는 무덤만큼이나 잔인해 불꽃처럼 거세게 타오릅니다. (아가서 8:6)

마음 깊이 내가 원하는 사람은 아주 어린 소녀였을 때부터 사랑해 온 요압이라는 유대의 양치기입니다. 우리는 함께 자랐고,

기회가 있을 때마다 딸을 보호하려는 가족들로부터 벗어나려 했어요. 그리고 사람들의 호기심 어린 눈빛을 피해서 우리는 잠깐이라도 같이 시간을 보냈어요.

우리가 아직 결혼하지 않은 단 한 가지 이유는 제 아버지가 허락하지 않았기 때문입니다. 우리 시대에는 여자들에게 주어진 권리가 많지 않았습니다. 매일 요압이 사위로 받아들여질 수 있도록 기도했습니다. 같이 도망가는 것이 문제되지는 않았습니다. 하지만 그렇게 하면 우리 가족이 영원히 멸시 당했을 것입니다. 그리고 가족을 떠나서 마음대로 결혼하면 저는 돌팔매를 당했을 것입니다.

그래서 기다렸고 기도했습니다. 요압과 제가 부부가 되기를 간절히 염원했습니다. 꿈만이 지탱할 힘을 주었습니다. 예루살렘의 거리를 오르내리며 그를 찾아 헤매는 꿈을 꾸었습니다. 꿈에서 왕의 경호원들이 나를 심문하고, 때리고, 그 방랑지에서 집으로 끌고 왔습니다. 하지만 여전히 저는 진실한 마음을 간직하고 있었답니다.

몇몇은 내가 사랑에 눈멀었다고 생각할지도 모릅니다. 하지만 그렇지 않았습니다. 초원의 시내처럼, 제 마음의 눈은 분명하고 정확했습니다.

왕의 사자들이 온 날은 제 생애에서 가장 슬픈 날 중 하나였습니다. 엄마는 문에 대고 말했어요. "내 딸아, 내 딸아!"

"뭐예요, 엄마?"

"왕이 너를 원한다! 그의 신하가 여기에 와 있다!"

살을 에는 듯 한 차가운 공포가 제 마음에 가득 찼지만, 그녀의 목소리는 기쁨에 차 있었습니다.

> 내 사랑이여, 일어나세요. 아름다운 내 사람이여, 나와 함께 가요. 겨울은 지나갔으며 내리던 비도 그쳤고 (아가서 2:10b-11)

왕이 나를 원한다고? 그럴 리가 없어. 많은 소녀들이 선택되어 궁전으로 간 후에는 그들을 한 번도 보지 못했습니다. 아마도 그들은 여전히 궁전 벽 안에 있을 것입니다. 염소처럼 임신한 채로.

"요압은 어떻게 하구요?"

"요압을 잊어! 그는 양치기야. 너는 솔로몬의 부인이 될 기회를 얻은 거야! 그가 가장 아름다운 소녀들 중에서 부인을 얻는다는 것을 너도 알고 있잖아."

그러고는 바로 저는 하렘에서 살기 위해 예루살렘으로 떠났습니다. 감사하게도 시간이 조금 있었습니다. 6개월 동안 궁전 생활을 하는 방법과 기술들을 배웠고, 다른 6개월 동안 몸을 아름답게 꾸미면서 준비했어요. 그를 만나기 위해 일 년 동안 준비해야 했습니다.

솔로몬이 저를 어느 날 밤 발견하고, 그 다음 몇 달 동안 구애했습니다. 그가 다른 사람들 중에서 저를 어떻게 알아보았는지는 모르겠습니다. 음식, 꽃, 포도주, 궁전 정원에서의 산책 등 그의 큰 가족들의 생활을 위한 모든 준비가 완벽했습니다.

그 당시의 여자들은 결혼에 대한 선택권이 없었습니다. 솔로몬은 저와 결혼하거나 하렘에 머무르게 할 수도 있었고, 강제로 범하거나 죽일 수도 있었습니다. 그러나 국가의 발전이라는 왕의 업무와 가족의 번성이라는 그의 사적인 목적을 제외하고 본다면, 그는 좋은 사람이었습니다.

> 내 사랑이여, 당신은 정말 아름답습니다.
> 그대에게는 흠이라고는 없습니다. (아가서 4:7)

"그대는 아름다운 여인이요." 그의 손으로 제 뺨을 부드럽게 쓰다듬으면서 말하겠지요. "당신은 영리하고 착하고 우아해요. 당신을 원해요. 내가 당신을 보살펴 줄게요."

"왕은 좋은 삶을 약속했습니다. 제가 궁전에 계속 머물기를 원했습니다."

제 대답은 언제가 같았습니다. "감사합니다. 주여, 그렇지만 저는 여기에 머무를 수 없습니다. 제 삶은 다른 곳에 있습니다." 자세히 이야기하지는 않았지만 그것이 그가 저에 대해 알았으면 좋겠다고 생각하는 전부였습니다.

그런 거절은 드문 일이었습니다. 저의 예의바르지만 온전한 거절때문에 그는 제게 더 관심을 갖게 되었습니다. 궁전 안에서 그는 종종 저에게 인사를 건넸습니다. 궁전에 있는 동안 저는 왕으로서의 삶의 방식과 한 인간으로서 도덕적 삶에 대해 놀라운 것을 알게 되었습니다.

하루는 우연히 재판정에 들르게 되었는데, 그가 정의로우면서도 자애롭게 판결하는 것을 보게 되었어요. 어떤 판결을 내리는지 보기 위해 기둥 뒤에 숨어 있었는데, 경호원이 큰 소리로 우는 아이의 다리를 잡고 그 아이를 시계추처럼 흔드는 것을 보고 공포에 질렸습니다.

두 명의 엄마들이 거기에 있었습니다.

"이 아기는 제 아기인데 저 여자가 자신의 아기라고 주장합니다." 어린 소녀가 울고 있었고, 그녀의 붉은 눈은 며칠 동안 울었던 것처럼 보였어요. "저 여자의 아들은 죽었는데, 잠든 사이에 와서 제 아기를 데려갔어요!"

볼에 주름이 깊이 패인 더 나이든 다른 여자가, "저 여자의 아기가 죽은 후 제 아기를 데려갔어요!"라고 소리쳤습니다.

"이 아기는 제 아기입니다!"

"아니요, 이 아기는 제 아기입니다!"

솔로몬은, 한 명씩 차례로 살펴보았습니다. 잠깐의 정적이 몇 시간처럼 무거웠습니다. 그리고서 여전히 매달려 있는 아기에게 던진 그의 말 한마디가 제 심장을 얼게 했습니다.

"경호원, 칼로 아기를 둘로 나누어라. 그리고 반씩 나눠주어라. 이것이 내가 내릴 수 있는 유일한 판결이다."

칼을 휘두르며, 경호원은 병사들에게 아기를 데려와서 다리를 양쪽으로 당길 것을 지시했습니다.

나이 든 여자가 서서 고개를 끄떡였는데, 그 명령을 받아들인다는 뜻이었지요.

경호원은 두 손으로 그의 칼을 높이 들었습니다.

"안돼요!" 소녀가 외쳤습니다. "아기를 그대로 두세요. 저 여자가 이 아기를 데려가게 하세요!"

그 나이 든 여자는 우는 아기에게 탐욕스럽게 손을 뻗었습니다. 그때 솔로몬은 망치를 내리쳤습니다.

"이 아기를 저 소녀에게 줘라! 그녀가 진짜 엄마다. 다른 사람은 이 아기의 엄마가 아니다."

그 순간부터 사람들이 솔로몬이 진정한 왕이라고 하는 말을 이해하게 되었습니다. 백성을 다스리기 위해 무력을 쓰는 대신에 지혜를 사용하는 위대한 왕!

저는 그를 존경했고 좋아했습니다. 하지만 그를 사랑하지는 않았습니다. 여자들이 저를 그들 편과 솔로몬 편으로 끌어들이려고 했습니다. "너는 그를 사랑하게 될 거야"라고 어떤 사람이 말했습니다. "그는 너를 잘 보살펴 주잖아"라고 또 다른 이는 말했습니다. "양치기 소년을 잊어 버려"라고 세 번째 사람이 말했습니다. "너는 여기를 결코 떠날 수 없어."라고 말하면서요.

낮에는 할 일이 없고 밤에는 더 할 일이 없는 그들이 서로 질투한다고 생각할 수도 있었습니다.

놀랍게도, 동방에서 시바여왕이 도착했을 때까지는 아직 진짜 질투가 불붙은 것은 아니었습니다. 2000 킬로미터 떨어진 남아라비아에서 긴 여행 후 작은 마을 크기의 장소에 도착했습니다. 그들에게서는 이국적이면서도 알 수 없는 향이 났습니다. 그 모든 것이 우리 감각을 사로잡았습니다. 열두 마리씩 모여 힝힝거리는 낙타들이 특유의 소리를 내었습니다. 하인들이 왕국의 손님용 숙소를 채웠습니다. 솔로몬은 특히 한 가지 선물을 기뻐했습니다. 그는 이스라엘의 자부심이자 기쁨의 성전을 마무리할 귀한 백단목을 받고 가장 기뻐했습니다.

하렘의 여자들은 처음으로 경제적, 지적, 정신적으로 남성과 동등한 여성을 여왕에게서 보게 되었습니다. 그녀는 솔로몬에게서 자국 상인들의 안전에 대한 보장을 원했습니다. 이집트로 가는 중요한 여행로인, 페니키아와 시리아는 솔로몬 제국의 통제를 받았습니다. 그들의 도움 없이는 그녀의 나라는 위기에 처할 가능성이 높았습니다. 여행의 안전을 확고히 하기 위해서, 여왕은 마치 그녀의 삶이 달려있는 것처럼 적극적으로 나섰습니다. 그것이 그녀가 온 목적이었습니다. 하지만 그것이 그녀가 온 진정한 목적이 아니라는 것을 저는 알고 있었습니다.

그녀는 솔로몬에게 질문들을 퍼부었고, 그것을 들은 하인이 우리에게 와서 얘기해 주었어요. 몇몇은 그녀가 이스라엘에 이교도를 가져왔다고 비난하였지만, 보석보다 더한 예기치 못한 풍부한 선물인 하나님에 대한 지식과 사람을 가지고 떠났습니다.

"당신이 믿고 있는 힘, 이 신성한 힘에 대해 얘기해 주세요." 그녀는 '하나의 힘, 하나의 존재가 이 세계를 어떻게 창조할 수 있는가'에 대해 물었습니다. "솔로몬 왕이시여, 어떻게 그렇게 될 수 있었습니까? 물 속의 물고기들과 사막의 파충류들은 어떻게 생겨나게 되었습니까? 그가 그것들도 창조하였습니까? 어떻게? 당신의 백성들도 그렇습니까? 무엇이 그들로 하여금 그렇게 충성스럽게 합니까? 무엇이 그들을 단결하게 합니까? 하나님이 그렇게 하시는지, 아니면 당신이 그렇게 하십니까?"

인내심을 가지고 그는 그녀의 질문에 하나씩 대답해 주었습니다. 그는 질문에 단순히 대답하는 이상으로 대해 주었습니다. 그는 그녀를 전도하고 있었던 것이었습니다.

아마도 그것은 그녀의 지닌 힘과 활기 때문이었겠지만, 그녀가 머무는 동안 솔로몬은 하렘에서 단 한 명의 여자에게도 접근하지 않았습니다. 마침내 그의 짝을 만나게 되었기 때문이지요. 두 왕국의 왕으로서 그들은 서로의 나라를 섬기고 평화롭게 교류하기로 원했고, 그렇게 했습니다.

조용히 궁전의 일상적인 북소리가 중단되었습니다. 여러 주, 그리고 여러 달 동안 솔로몬과 여왕은 함께 긴 시간을 보냈습니다. 식사를 하는 동안, 궁전에서, 왕의 숙소에서, 예루살렘을 걷는 긴 산책길에서. 솔로몬은 결코 만족하지 않았고, 열정이 가득했습니다.

궁전의 다른 여자들이 느끼기에 그녀가 출발하는 아침까지 오랜 세월이 흐른 같았습니다. 우리는 불타는 태양 아래서 수많은 물건들이 실리는 것을 밖에 서서 보았습니다.

> 내가 사랑하는 그 분을 위해 문을 열려고 일어날 때 몰약이 내 손에서, 몰약의 즙이 내 손가락을 타고 흘러 문빗장에 닿습니다.
> **(아가서 5:5)**

여왕이 가져온 다른 선물과 120 달란트 가량의 금으로 솔로몬은 부자가 되었습니다. 여왕에게 솔로몬이 준 재산도 마찬가지로 감동적이었습니다. 훌륭한 아마포, 금잔, 그릇과 희귀한 보석들로 아라비아 길을 가득 채웠습니다.

그 광경은 이전에는 볼 수 없었던 장관이었습니다. 그러나 하렘의 나이 든 여자들은 저를 감시하기 위해서 모두가 잘 볼 수 있는 장소에 저를 서있게 했습니다. 그들은 제가 무슨 행동을 하리라고 생각한 걸까요? 아무도 보지 않을 때 대상의 행렬에 뛰어들기라도 할 거라고 생각한 걸까요? 하지만 대상들은 유대 언덕의 정반대인 다른 쪽으로 가고 있었습니다.

"내 친구여." 솔로몬은 그녀에게 안녕이라고 키스하면서 속삭였습니다. "이것은 당신과 우리의 아들을 위해서예요."

아들? 그녀가 임신했다는 말인가?

그가 그녀에게 크고 검게 빛나는 반지를 손가락에 끼워주는 것을 보았습니다. 그녀는 손가락으로 반지를 만지고, 그에게 키스하고, 그들이 함께 했던 장소들을 간절한 눈으로 스치듯이 쳐다

보았습니다.

"사자." 그녀가 중얼거렸습니다. "유대의 사자!"

비록 그녀가 나중에 멜리넥 1세라는 아들을 낳았다는 소식을 들었지만, 우리는 그녀를 다시는 보지 못했습니다. 그 소년이 성장하였을 때, 그는 두 강력한 제국의 아들로서의 정체성을 확인하면서 큰 감동을 느끼게 될 것입니다.

여왕이 떠난 이후에도, 여자들은 여왕이 오기 전과 같이 불행하게 살아갔습니다. 솔로몬은 이전과 같은 방식으로 그들과 지내게 될 것입니다. 그들은 자주 화를 내거나 불만스러운 말을 하곤 했습니다. "시바 여왕이 누구라고 생각해?" 그들은 그러고서 웃었고, 궁전 안에서 늙어간다는 사실을 기꺼이 받아들였습니다.

저는 그렇지 않았습니다. 요압과 결혼하는 꿈이 매일 매일 더 간절해졌습니다. 고향 언덕에서 언젠가 우리 가족을 부양하기에 충분한 수입을 가져다줄 양을 보살피는 그를 생각하며 날마다 그리워했습니다. 밤마다 우리가 함께 했던 시간들을 생각하며 그를 꿈꾸었습니다. 우리의 아이들과 함께, 우리의 작은 집이 나의 궁전이 될 것입니다.

솔로몬은 궁전을 한 바퀴 도는 어느 날 밤에 제가 있는 휴게실로 왔습니다.

"너에게 생각할 수 있는 시간을 주었는데 이제는 끝나가는구나."

라고 하면서 "네 생각에 변화가 있는가?"라고 물었습니다.

"아니요. 제 결심은 똑같습니다."라고 대답했어요.

그는 갑자기 조용해졌습니다.

"네가 있어서 그는 행복하겠다."라고 꿈꾸는 듯 한 눈빛으로 말했습니다.

"다른 사람이 있다는 사실을 그가 어떻게 알았을까?"

그제서야 그가 여왕을 그리워하고 있다는 것을 깨달았습니다. 사랑이 그를 변화시켰던 것입니다.

6개월 후에 솔로몬은 제가 떠날 수 있도록 허락했습니다. 어머니는 제가 집에 돌아가기 이틀 전에 갑자기 돌아가셨습니다. 슬픔에 잠긴 채로 아버지는 제 눈을 똑바로 쳐다보았습니다.

"여전히 그를 사랑하느냐?"

저는 고개를 끄떡였습니다.

"그러면 네 뜻대로 하렴. 내가 무엇을 했는지 지금까지 알지 못했구나."

하나님께 감사합니다. 저는 어머니를 깊이 그리워할 것이지만, 요압에 대한 사랑은 이전보다 더 강해질 것입니다.

솔로몬처럼, 저는 예루살렘에서 머무는 동안 무엇인가 큰 것을 배웠습니다. 사랑은 하나님으로부터 오는 신성한 선물이며, 심장의 뜨거움으로 유지되고 자란다는 것을 배웠습니다. 사랑을 풍성하게 하기 위해서 돈이나 루비나 금은 필요하지 않습니다. 하나 처럼 같이 뛰는 두 개의 심장만이 필요합니다.

아가서의 중요한 의미

성경에 있는 어떤 인물보다도 아가서 속의 여성은 인간의 섹슈얼리티를 새로운 차원으로 본다. 아가서에서 그녀가 사랑하는 남자에 대해 느끼는 당혹감이나 창피함을 찾아볼 수는 없다. 그녀는 하나님이 주신 동경과 욕망을 표현했다. 신실함, 진실한 사랑과 결혼을 향한 그녀의 강한 헌신을 볼 수 있다.

●●● 아가서의 의미는 무엇일까?

- ✔ 아가서에는 관능과 욕망이 표현되어 있다. 성경에서 이러한 내용을 어떻게 이해할 수 있는가? 그리고 성경에서 드러나지 않은 점은 무엇인가?
- ✔ 유대의 양치기에게 그녀는 사랑으로 헌신했고, 그러한 행동이 그녀를 위험에 빠지게 할지라도 그녀의 삶을 다른 누구와 공유하기를 원하지 않았다. 당신의 삶에서 모든 것을 헌실할 수 있는 이와 비슷한 사람이 있었는가? 그러한 과정에서 하나님은 어디에 계셨는가? 사랑에 대한 당신의 태도는 어떠한가?
- ✔ 이 여인과 연인과의 관계에 대해 당신은 어떻게 생각하는가? 어떤 내용이 특히 인상적인가?

술람미 여인에 대해 좀 더 알고 싶으시면 뒤에 있는 부록 289면을 참조하세요.

라합

하와

사라

드보라

한나

룻

술람미

마리아, 예수의 어머니

우물가의 여인

베다니의 마르다

베다니의 마리아

막달라 마리아

여덟 번째 이야기

마리아

8

마리아

✝ 젊은

✝ 두려워하는

✝ 보호하는

✝ 온화한

✝ 믿음이 있는

관련 성경 구절 : 누가복음 1-2, 요한복음 19

배경 : 베들레헴, 1세기

이야기의 중요성 :

마리아는 많은 어려움 속에서 예수를 낳았다.

마리아_ 길고 성스러운 밤

당나귀도 나처럼 피곤했고 후줄근했어요.

나처럼 고통스럽지는 않을지라도 내 고통을 느낄 수 있었기 때문이지요.

이 낯선 도시에서
내 어머니의 따뜻함을
조금이라도 느낄 수 있었으면 좋으련만….
여기 어디에도
우리가 머물 수 있는 방은
없어요.

요셉은 수십번이나 화가 나서
머리를 가로저으면서 돌아왔어요. 어디에도 머물 방이 없다고
수십번이나 말하였지요.

그럼에도 불구하고
나는 아이를 낳을 것입니다.

나는 두려웠어요.
어느 누구도
우리를 보지 못했다는 말인가요?
어떻게 방이 하나도 없을 수가 있단 말인가요?

나는 그 답을 알고 있었어요.
누구도 우리에게 관심이 없었던 것이지요.

그는 어둠 속으로 사라지면서
다시 한 번 더 찾아보겠다고
말했어요.
사람들이 여러 날 동안 거리에 흘러 넘쳤고
그 곳에 더 빨리 도착하기 위해서 안달이었어요.
처음부터 모든 것이
잘못되었어요.
나는 천사를 회상해 보았어요.
하나님의 아들을 갖겠느냐?
하나님의 아들이라니 무슨 뜻이지요?
하나님의 아들, 예수
결정할 수 있겠느냐?

나는 동정녀라서 그런 일은 불가능합니다.
하나님의 아들, 예수
결정할 수 있겠느냐?

그 순간 천사의 얼굴은 밝고,
친절하고, 진지해 보였어요.
나는 그를 신뢰했고
내 심장은
그렇게 하겠다고 대답했어요.

그 후 천 개의 기쁨에 가득찬
날개짓이 높은 곳에서 느껴졌어요.
그때 천사도 없었고
요셉도 자리에 없었어요. 아마도 나를 잊었는가 봅니다.
요셉은 착한 남자였어요.
대부분의 남자는 나를 버렸을 것이고
몇몇은 내게 돌을 던질 수도 있었어요.

그러나 그는 떠나지 않았어요.
우리는 함께 할 것입니다.
그는 내 곁에 다시 왔고
당나귀와 나를 이끌고 있어요.

동굴?
어둡고 동물 냄새가 나는
달빛만이 가득한 그 곳이
저를 위해 마련된 장소였어요.
별 하나가 나처럼

떨리기 시작했어요.

눈물이 다시 흘러내리고
고통이 나를 찢어놓았지만
곧 사라졌어요.

내 아들이
내 팔을 가득 채웁니다.
그는 아름답습니다.
불 위의 별.

그는 나를 필요로 하고
나도 그렇습니다.
나에게는 그와 요셉이 있습니다.
빛과 따뜻함.
우리는 이제 안전하고
그것으로 충분합니다.

마리아

천사. 처음에는 천사를 이해하지 못했습니다. 그는 그의 이름이 가브리엘이라고 했지만, 그 시점에 누가 이름에 신경을 쓰겠습니까? 나는 14살이었어요. 14살의 어린 여자가 신의 아들을 임신한다는 생각을 마음과 영혼에 담을 수 있겠습니까?

그 소식을 처음으로 들었던 그 날이 기억납니다. 그 기억은 80세가 된 지금까지 계속됩니다. 예수의 가장 아끼던 사도인 요한이 나를 그의 어머니로 모시기 때문에 지금 혼자남게 된 것은 아닙니다.

하지만 여전히 평온하지는 않습니다.

내 마음에 거의 25년 동안이나 큰 구멍이 나 있는 듯합니다. 나는 첫 아들인 예수를 간절히 그리워합니다. 그의 부드러운 뺨을 내 차가운 손으로 만지고 싶어요. 그의 길고 아름다운 손가락을 보고 싶어요. 그의 목소리를 듣고 싶고 나를 다시는 떠나게 하고 싶지 않아요.

먼 옛날, 그날 한 사건이 내가 알고 있는 모든 것을 바꾸었습니다. 갈릴리의 다른 사람들처럼 우리 가족도 2층집에서 살았어요. 사람들이 집에 들어오기 위해서는 계단을 내려와야 했어요. 일층의 절반은 지하였기 때문이지요. 그곳이 우리가 시원하게 지낼 수 있는 장소였어요.

그 아침 내가 다른 사람들처럼 앞뒤로 마루를 쓸고 있을 때였습니다.

보통 사람들은 천사들을 보지 못합니다. 큰 천사들. 방을 가득 채우는 천사들. 정신적으로 상심한 사람들이 큰 천사들을 보기도 하지만, 나는 항상 정신적으로 온전한 상태였습니다.

가브리엘은 방을 가득 채웠습니다. 이제 생각해보면, 그것이 조금 우스웠어요. 크고 가득 찬 흰색 에너지의 몸은 처음에는 구부정해 보였습니다. 방 하나에 맞는 보다 작은 천사를 생각할 수도 있겠지만, 이 경우는 그렇지 않았습니다.

"안녕, 마리아!"

목소리가 내 뒤에서 들려서, 뒤돌아보았어요. "안녕, 마리아!"

안녕이라니. 그의 목소리가 처음에 마치 짖궂은 장난처럼 들렸습니다.

"안녕, 마리아!"

낮은 목소리가 들렸습니다.

마침내 나는 뒤돌아보았고, 그를 쫓아내기 위해서 빗자루를 들었어요. 눈을 반쯤 감고, 그 괴롭히는 자를 쫓아내기 위해 빗자루를 검처럼 들고 흔들면서 나아갔어요.

그러나 그것은 사람이 아니었습니다. 틀림 없이 그것은 천사였습니다. 나는 천사를 본 적이 없었고, 가브리엘에 대해 들어본 적은 없었지만, 그가 거기에 있었습니다. 명료하고, 아름답고 순수한 음악 소리가 그 주위를 감싸고 있었습니다. 형제, 엄마, 아버지나 누군가를 찾아보았지만 나 혼자뿐 이었습니다. 8척 크기의 천사와 나!

"기뻐하여라. 은혜를 입은 자여, 주께서 너와 함께 하신다."

(누가복음 1:28)

"은혜를 입은 자여, 주께서 너와 함께 하신다!"

뭐라고?

"주께서 너와 함께 하신다."

나는 빗자루를 덜커덕거리며 끌면서 대략 4m 떨어진 방의 구석으로 뛰어갔습니다.

"마리아. 두려워하지 말라."

나는 두려웠습니다.

내가 어떻게 그렇지 않을 수 있겠습니까? 우리 조상들에게서 전해오는 천사에 대해서 들어서 알고 있었습니다. 그 형상들이 내 머리 속으로 번쩍이고, 내 마음이 그것을 찾고 있었습니다.

예컨대 죽음의 천사들이 있었다고 들었습니다. 앗시리아 왕 산헤립의 병사 185,000명을 물리쳤던 천사, 다윗 시대에 예루살렘을 굳게 지켰던 천사들…

기드온에게 신의 이름으로 전쟁에 나가도록 하려고 불을 일으키게 했던 자와, 남자들을 전쟁에 나서게 하는 천사들도 있었습니다. 동물들에게 나타난 천사들이 있었습니다. 발람의 당나귀는 천사를 보았고 주인을 보호하려고 움직이지 않아서, 마침내 발람은 천사의 목소리를 듣게 되었습니다. 엘리야와 만나고 다윗과 함께 한 천사들도 있었습니다. 전쟁 때 나타난 천사, 동물에게 나타난 천사, 어떤 천사이든 상관없이 그들은 모두 메시지를 갖고 있었고, 그 메시지는 하나님으로부터 온 것이었습니다.

하지만 알고 있는 모든 지식과 기억을 동원한다고 해도, 어떤 천사도 한 소녀에게 직접 나타난 적은 없었습니다. 천사가 사라에게 나타난 적은 있었지만 그녀가 아주 나이가 많이 들었을 때였습니다.

집에 와 있는 천사는 죽음의 천사처럼 보이지는 않았습니다. 그는 친절하려고 굉장히 노력했습니다. 그의 날개들이 천장을 스치고 있었지만, 그는 작아 보였습니다. 이상하지만 강렬한 음악이 마치 평화의 제스처처럼 내게 와 다았습니다.

숨 쉬려고 애쓰면서, 나는 45kg의 몸을 할 수 있는 만큼 크게 보이려고 세웠습니다. 집안에서 겁을 먹지 않겠지만, 내 삶이 예전과 같을 가능성은 적어졌습니다. 이미 그것을 느낄 수 있었지요.

"말씀하십시오. 천사여."

"너는 주의 은혜를 입었다."

주의 은혜.

그 순간, 나는 주의 은혜를 원하지 않았습니다.

"너는 아들을 임신할 것인데, 그의 이름을 예수라고 하라. 그는 야곱의 집을 영원히 다스릴 것이고, 그의 왕국은 끝이 없을 것이다."

나는 남자 없이는 임신이 되지 않는다는 사실 정도는 이미 알고 있었습니다. 처녀이고 남편이 없다면 아이도 생기지 않는다는 사실 정도는 알고 있었지요. 천사가 잘 못 아는 것일 수도 있었고, 금방 사라질 수도 있었지요.

"내게 남편이 없는데, 어떻게 이런 일이 있을 수 있을까요?"

보아라. 네가 잉태해 아들을 낳을 것이다. 그러면 그 이름을 예수라 하여라. (누가복음 1:31)

"성령이 네게 임할 것인데, 가장 높으신 분의 권능이 너를 감싸 안을 것이다."

내가 아기를 가질 수 있다고? 하나님의 아들?

내가 아는 한 이런 예는 없었습니다. 이러한 예가 어디 있단 말인가요? 강이 마치 길을 삼켜버리는 것처럼 나는 혼돈스러웠습니다.

나는 요셉의 아이를 갖기로 되어 있었어요. 사랑하는 요셉의 아이들을요. 우리는 1년 안에 결혼하기로 되어 있었으니까요.

"걱정하지 마라, 마리아. 두려워하지 마라."

"너의 사촌인 엘리자벳도 아이를 가졌고, 이제 임신 6개월째이다. 하나님과 함께라면, 아무것도 불가능하지 않다."

엘리자벳? 내 사촌? 아이를 낳을 수 없을 정도로 나이 들고 약해진 그녀가?

이게 진짜일 수 있을까? 그녀와 스가랴가 얼마나 기뻐했을까? 그들은 아이들을 항상 원했었지만, 오래전 그녀의 이가 빠지기 시작하면서부터 포기했었지요.

"걱정하지 마라, 마리아. 두려워하지 마라." 다시 그 말이 내게와 닿았습니다.

하나님께는 불가능한 일이 전혀 없다. (누가복음 1:37)

그 순간은 옳고, 선하고, 성스럽고, 신뢰로 가득한 신성한 시간이었습니다. 그것은 신성한 문서나 제 몸에 대한 결정이 아니었습니다. 그보다는 제 선택의 순간이었습니다. 가브리엘은 기다렸습니다.

“저는 하나님의 종입니다.” “당신의 말씀대로 하십시오.”라고 말했습니다.

그리고 그와 동시에 가브리엘 주변의 음악이 수백 개의 목소리들로 변했습니다. 아름다운 합창소리가 하늘로부터 들려왔습니다. 그 순간 나는 옳은 일을 했다는 확신을 할 수 있었습니다.

보십시오. 저는 주의 여종입니다. “당신의 말씀대로 제게 이루어지길 원합니다.” (누가복음 1:38)

나는 믿음의 결단을 했던 것입니다. 정말로 위에서 아래까지 그리고 방안 가득히 기쁨이 있었습니다. 그것은 환희였습니다. 하늘에서의 환희. 모든 천사들의 환희! 진실로.

이미 말했듯이 나는 늙었습니다. 그것이 사실이라고 하더라도 나에게는 그 이상의 무언가가 있어요. 나는 죽을 때가 가깝고, 몸이 불편하고, 자리에 누워 지내고, 요한의 집 벽에 얼굴을 기대고 있습니다. 자녀들이 방문하기는 하지만, 예수가 원했듯이 요한이 그의 집으로 나를 데리고 왔습니다. 그와 그의 부인은 나를 잘 보살펴 주었습니다.

아침 일찍 요한이 와서, 예수와 함께 했던 삶이 어떤 것인지, 어린아이를 그의 무릎에 어떻게 앉혔는가를, 사람들이 하늘에 계신 아버지에 대해 들으려고 하지 않았을 때 얼마나 그가 절망했는지에 대해 말해 주었습니다. 예수의 제자들인 바돌로메, 베드로와 안드레 그리고 막달라 마리아, 베다니의 마리아와 그녀의 여동생인 마르다에 대해서도 얘기해 주었습니다.

천사가 말했습니다. "두려워하지 마라. 보아라. 내가 모든 백성에게 기쁨이 될 좋은 소식을 너희에게 일러준다. 오늘 구주이신 주 그리스도가 다윗의 동네에서 태어나셨다." (누가복음 2:10-11)

그는 예수가 그의 생애의 전부였던 즐거운 추억을 얘기를 해주었습니다. 만약 눈을 감고 그의 얘기를 듣고 있자면, 아들이 십자가에서 쓰러지고 죽어가던 모습을 거의 잊을 수도 있었습니다. 하지만 노력하면 할수록, 그 날을 오랫동안 떨쳐버릴 수 없었습니다. 어떤 어머니도 그렇게 하지 못할 것입니다.

예수의 어머니라는 사실은 무엇보다도 나의 가장 중요한 정체성입니다. 하나님이 왜 나를 선택했는지는 모릅니다. 아마도 앞으로도 영원히 모를 것입니다. 그러나 이것은 알고 있습니다. 내 아들을 다시 보고 싶습니다. 그의 눈을 들여다보고 싶고, 그를 내 팔로 안고 싶고, 주변에 수백만 명의 사람 없이 그와 단 둘이서만 이야기 하고 싶습니다. 다시는 그가 나를 떠나지 않았으면 좋겠습니다. 영원히.

요한의 목소리로 미루어 봤을 때 아마 뭔가 문제가 있음에 틀림없었습니다. 그가 멀리서 슬픈 목소리로 얘기했는데 무슨 말인지 잘 이해할 수는 없었습니다.

그 와중에 그의 말들을 압도하는 무엇인가가 들려왔습니다. 음악. 사랑스럽고, 밝고, 생생하고, 우아한 음악. 그런 아름다운 음악을 그 이후로 들어본 적이 없습니다.

"마리아"

그 목소리.

이번에는 바로 대답하였습니다.

"네. 가브리엘?"

천사가 방을 다시 가득 채우고, 그가 어깨를 건드릴 때 앞 벽에서 빛이 쏟아졌습니다.

"은혜 입은 자여, 주가 너와 함께 계신다!"

너무 아파서 머리를 돌릴 수도 없었지만, 애써서 그를 쳐다보았습니다. 그런데 그는 혼자가 아니었습니다. 그와 함께 있었습니다.

나의 아들.

예수가 나를 만나기 위해 왔어요!

동시에 나는 이제는 더 이상 떨지 않고, 베들레헴에서 이집트까지 표현할 수 없을 정도로 긴 길에서 그를 안고 갔을 때처럼 강한 팔로 그에게 다가 섰습니다. 그가 나를 잡고 감싸 안았는데, 오랫동안 간절히 원했던 바로 그 순간이었습니다.

요한과 그의 아내는 눈물을 흘리고 있었지만, 그들은 야위고, 지친, 육체의 껍데기, 그리고 이제는 숨이 다 스러져 가는 나를 보고 있을 뿐이지요. 그들은 예수를 볼 수 없는 걸까요? 멜로디를 들을 수 없는 걸까요? 내가 얼마나 행복한지 볼 수 없는 것일까요?

우리는 음악을 향해 나아갔고, 점점 리듬과 박자가 빨라지면서 우리를 환영하였습니다. 나는 두렵고 무서웠던 소녀였을 때부터 그 음악을 다시 듣기를 열망했습니다.

다시 가브리엘의 말들을 들었습니다.

"걱정하지 마라. 마리아. 두려워하지 마라."

나는 아들과 함께 있었고 그의 말을 소중히 가슴에 담았습니다.

마리아가 우리에게 주는 교훈

하나님은 성경 곳곳에서 전통적인 경계 밖으로 가시는데, 여기서 젊고 결혼하지 않은 소녀인 여인에게 그의 아들을 임신할 것을 제의하고 있다. 가브리엘을 통해서, 하나님은 마리아의 협조를 구하였다. 마리아는 전무후무한 가장 위대한 기적에 동참함으로써 두려움을 극복하였다. 예수의 탄생, 예수의 삶과 끝 모두에 여인들이 있었다. 마리아의 그러한 확신은 하나님 이외의 어느 곳에서도 올 수 없다. 그 영광을 가볍게 여겨서는 안 된다.

●●● 마리아에게서 무엇을 배울 수 있는가?

✔ 마리아는 예수의 탄생에 대해 가브리엘과 놀라운 대화를 하였다. "하나님의 계획에 동참할 것인지 여부는 분명히 그녀의 선택에 달려 있었다. 만약에 그녀가 거절했다면 어떤 일이 일어났을까? 예수가 태어날 수 있었을까? 하나님이 다른 여인을 찾았을까? 하나님이 인간의 미래를 구속하지 않음을 진정한 자유의지를 통해서 알려준다. 예수탄생에서 마리아는 그러한 자유의지와 선택의 한 예이다.

- ✔ 마리아의 결정과 하와가 처음으로 행한 행동에서 자유의지의 의미를 생각해보라. 마리아와 하와가 한 행동의 차이점과 비슷한 점은 무엇인가?
- ✔ 마리아는 여러 시대를 통해서 많은 사람들에게 존경받아 왔다. 그녀에 대해 당신은 어떻게 생각하고 당신의 삶에 어떠한 영향을 미치는가?

마리아의 노래

"내 영혼이 주를 찬양하며
내 영이 내 구주 하나님을 기뻐함은
그분이 자신의 여종의 비천함을 돌아보셨기 때문입니다.
이제부터 모든 세대가 나를 복 있다 할 것이니
이는 전능하신 그분이 내게 위대한 일을 하셨기 때문입니다.
그분의 이름이 거룩하시며 그분의 자비는 그분을 경외하는 사람들에게 대대로 이어질 것입니다.
그분은 자신의 팔로 엄청난 일을 행하시고 마음의 생각이 교만한 사람들을 흩어버리셨습니다.
그분은 통치자들을 왕좌에서 끌어내리시고 낮은 사람들을 높여주셨으며 배고픈 사람들을 좋은 것들로 배불리고 부유한 사람들을 빈손으로 보내셨습니다.
그분은 자비를 기억하셔서 자기의 종 이스라엘을 도우셨습니다.
곧 우리 조상들에게 말씀하신 대로 그 자비는 아브라함과 그 자손에게 영원토록 있을 것입니다." **(누가복음 1:46-55)**

마리아에 대해 좀 더 알고 싶으시면 뒤에 있는 부록 291면을 참조하세요.

아홉 번째 이야기

우물가의 여인

9

우물가의 여인

✝ 영리한
✝ 고생으로 지친
✝ 당돌한
✝ 두려움 없는
✝ 철학적인

관련 성경 구절 : 요한복음 4장
배경 : 사마리아, 1세기
이야기의 중요성 :

예수와 대화하는 도중에 이 이름 없는 여인은 메시아와 일생일대의 조우를 하게 되는 영광을 누리게 된다.

우물가의 여인_ 생명의 물

나는 그들의 경멸을 느낄 수 있었습니다: 내가 동네를 걸어갈 때 집안 구석 그늘진 곳에서 손가락으로 나를 가리키는 그 여인들.

"저 여자처럼 되지 마"라고 딸들에게 말하겠지요.

"어머. 남편이 다섯이라니."

그 말은 마치 광포한 사막의 바람처럼 나의 등을 경직시켰습니다. 정말로 크게 상처 입었던 순간은 내가 마치 그들을 오염시키기라도 하는 것처럼 거리에서 그들의 딸들을 막을 때였습니다.

그들은 노골적으로 무례하게 말하지는 않았지만, 할 수 있는 모든 것으로 상처를 주었습니다. 내가 나타나면 그들의 목소리가 조용해졌습니다. 내가 떠나면 그들의 손가락질을 느낄 수 있었고, 무딘 칼로 반복해서 찌르는 그들의 조롱을 느낄 수 있었습니다.

정오였기 때문에 나는 덥고 피곤하였고 짜증이 났어요. 대부분의 여자들은 아침이나 해질녘이 되기 직전에 우물에 갑니다. 나는 정오에 갔고 마을 밖의 오래된 우물에 갔기 때문에 그들이 하는 말을 듣지 않아도 됐습니다.

나는 나병 환자처럼 가까이 해서는 안 되는 사람이었지요.

유감스럽게도 처녀성, 결혼, 자녀 모든 것이 내 삶에서 계획했던대로 제대로 되지 않았습니다.

저의 어떤 점이 그렇게 싫었을까요? 왜 그렇게 여러번 결혼을 하게 되었을까요? 배려심이 조금도 없는 남자들과 다섯번이나 결혼하는 것을 애초에 상상이라도 할 수 있겠습니까? 남자들은 내가 그들을 위해서 무엇을 해줄 수 있는지에 대해서만 관심이 있었어요.

몇 가지 시나리오들을 생각해 봅니다.

나는 미쳤고 다섯 명의 남자들이 나를 버렸다.

불임이라서 아무도 나를 원하지 않았다.

다섯 명의 남자들과 결혼했고, 간절히 아이를 원했지만 모두 젊어서 죽었다.

아침을 준비하다가 빵을 태웠다.

남자들은 중요하지 않은 일로 아내를 버리곤 했습니다. 심지어 어떤 이유도 대지 않았습니다. 그들 모두 문을 가리키면서 나에게 영원히 떠나라고 말했습니다.

내 삶에 일어났던 일들이 사람들에게 그렇게도 중요했던 것일까요? 우물가에서 만난 그 남자는 그렇지 않았습니다. 상대방이 무엇을 생각하는지에 대해서 평소에 관심이 없었지만, 그 남자는 뭔가 달랐습니다.

어제인 것처럼 생각되는데, 그는 머리를 숙이고 우물가에 앉아 있었습니다. 그는 유대인이었고 지칠대로 지쳐 있었습니다. 기도용 숄의 바닥에 있는 (장식)술과 붉고 지친 얼굴로 그것을 알 수 있었습니다.

두레박을 시원한 물속으로 내릴 때, 그의 눈이 나를 꿰뚫어 보는 것을 느꼈습니다. 대수롭지 않게 생각하고 그에 대해 신경쓰지 않았습니다. 이미 말했듯이 나는 그런 일에 익숙해져 있었습니다.

"내게 물을 줄 수 있는가?"

내게 물을 줄 수 있는가?

지붕에서 떨어진 항아리처럼, 그의 말은 정적을 깼습니다. 그가 내게 말을 걸었을까? 그였을 거예요. 내가 거기에 있는 유일한 사람이었으니까요.

남자들은 일반적으로 여자들에게 말을 걸지는 않았습니다. 더구나 유대인들은 나와 같은 사마리아 여자들에게 말을 걸지 않았어요. 어쨌든 말을 걸어야 답을 하겠지요. 그런데 공손히 부탁하는 그의 말투는 또 왠일입니까?

왜 그와 즐거운 대화를 나누기로 결심했는지 나도 모르겠습니다.

"유대인인 당신이 사마리아 여인인 제게 왜 물을 부탁하십니까?"

"당신이 하나님의 선물이 무엇인지 알고 내가 누구인지 알았다면, 도리어 당신이 내게 부탁하였을 것이고, 내가 생수를 주었을 것이다."

"선생님, 선생님께는 두레박도 없고 이 우물은 깊은데 선생님께서는 어디에서 생수를 구한단 말입니까?" (요한복음 4:11)

"선생님, 선생님은 두레박도 없고 우물이 깊습니다. 생수를 어디서 구한단 말입니까? 선생님이 우리에게 이 우물을 준 야곱보다 더 중요한 사람처럼 여겨집니다."

침묵. 나는 야곱이 모세와 다른 사람과 함께 이스라엘의 조상이었다는 사실을 알고 있었습니다.

"이 우물에서 마시는 모든 사람은 다시 목마를 것이다. 그러나 내가 주는 물을 마시는 사람은 다시는 목마르지 않을 것이다. 나는 그들에게 영생을 줄 것이다."

"선생님, 제게 그 물을 주십시오. 제가 목마르지도 않고 다시는 물 길으러 여기까지 나오지 않게 해 주십시오."

(요한복음 4:15)

이 남자는 누구일까? 그는 무엇에 대해 말하고 있을까? 그는 왜 내게 말하는 것일까? 남자는 바깥에서는 낯선 여자는 물론이고, 그들의 아내에게조차 말하지 않았습니다.

일단 장단을 맞춰주기로 했습니다. 이런 일이 한편으로는 재미있었습니다.

"좋습니다. 그 물, 영생의 물을 제게 주십시오. 그래서 다시는 제가 여기 물길러 오지 않을 수 있게 해주십시오."

침묵. 그는 나를 쳐다보았고, 난 뒤돌아보았습니다. 조신한 여자는 남자를 쳐다보지 않아야 했습니다. 눈이 아닌 발을 가끔씩 보는 경우는 있었습니다. 하지만 이제는 남자의 발을 보는데 지쳤는지 모릅니다. 그리고 나는 참한 여자와는 거리가 멀기 때문에 그런 점이 문제가 되지는 않았습니다.

"가서, 네 남편을 불러서 돌아오라."

예수께서 여인에게 말씀하셨습니다.
"네가 남편이 없다고 한 말이 맞다. 실은 전에 네게 남편이 다섯이나 있었고 지금 함께 사는 남자도 네 남편이 아니니 네가 지금 한 말이 맞구나." (요한복음 4:17b-18)

"저는 남편이 없습니다."

그 후 깜짝 놀랍게도 "남편이 없다"고 한 네 말이 맞다. 너는 다섯 명의 남편이 있었고, 지금 살고 있는 남자는 남편이 아니기 때문이다."라고 그가 말했습니다.

뭐라고? 그가 어떻게 알게 되었을까?

놀라서 입이 크게 벌어졌어요. 왜냐하면 너무 놀라서 할 말이 없었기 때문이지요.

"선생님!" 나는 겨우 입을 열어서 "음, 제 생각엔 당신이 예언자인 것 같습니다."라고 말했습니다.

예언자? 예언자? 그것이 생각해낼 수 있는 최선인가?

이 상황을 이해하려고 노력해 보았습니다.

“제 조상은 이 산에서 예배를 드렸습니다.” 아름다운 그리심산을 가리키며, “선생님은 사람들이 예루살렘에서 예배드려야 한다고 말씀하셨습니다.”

나도 그 분이 대답하기 곤란한 말을 꺼내야 공평하다고 생각했습니다. 이 남자가 예언자라면, 그 질문에 대답할 수 있으리라고 생각했었지요. 진짜 예언자만이 그것을 알고 있을 테니까요. 유대인과 사마리아인들은 어디서 예배드려야 하는지에 대해 수백 년 동안 논쟁했습니다. 유대인들은 예루살렘이라고 했고, 우리 사마리아인들은 그리심산이라고 했습니다.

그는 나를 다시 물끄러미 쳐다봤습니다.

“네가 어디서 예배를 드리는지가 중요하지 않은 그 때가 오고 있다. 그 때는 참되게 믿는 사람이 영과 진리로 예배하는 때이고, 네가 있는 장소는 중요하지 않다.”고 그는 말했습니다.

저는 “메시아가 오실 것은 알고 있습니다. 메시아는 그리스도라고 하는 분이지요. 그가 오면, 우리에게 모든 것을 설명해 줄 거예요.”라고 대답했습니다.

그렇게 말한 후, 물동이를 집어 들고 등을 돌린 채 집으로 향하기 시작했습니다. 재미있는 대화를 나누었지만, 그냥 특별한 사람일 수도 있다고 생각했어요.

그런데 “그가 바로 나다. 내가 그 메시아다.”라고 그가 말했습니다.

나는 얼어붙은 채 서있었습니다. 그럴리가 없어요. 하지만 모두 확실히 이치에 맞는 것 같아요. 진리를 아는 그의 능력, 예배에 관한 그의 말씀, 나에 대한 마음 씀씀이... 나는 그런 것을 기대하지도 않았습니다.

> 여인은 물 항아리를 내버려 둔 채 마을로 돌아가 사람들에게 말했습니다.
> "와서 내 과거를 모두 말해 준 사람을 보십시오. 이분이 그리스도가 아니겠습니까?" (요한복음 4:28-29)

다른 사람들이 예수에 대한 소식을 들어야 한다는 것이 확실했습니다. 그들이 나에 대해 뭐라고 말하든 상관없이 이 말씀을 알려야 했습니다. 이 큰 선물을 받고서 물동이를 버리고 빨리 마을로 뛰어 갔습니다. 정말 오랜만에 마음과 몸이 자유롭게 느껴졌습니다. 우물가에서 만난 이 분에 대해 할 말이 아주 많습니다.

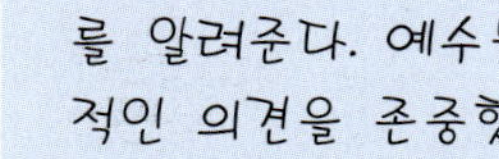

우물가 여인의 이야기가 주는 가르침

적극적이고 호기심이 넘치는, 많은 사람들에게 기피 대상이지만 두려움이 없는, 우물가의 여인과의 대화는 핵심적인 진리를 알려준다. 예수는 여성을 존중하고, 여성의 지적이고 신학적인 의견을 존중했다. 또한 이 이야기는 예수가 훌륭한 유머 감각을 가졌다는 점을 보여준다.

우물가의 여인에서 무엇을 배울 수 있는가?

- 예수는 이 여인과 왜 많은 시간을 보내었는가? 무엇이 그녀에게 관심을 가지게 했을까?
- 이 대화에서 나눈 말들이 그녀에게 생소해 보이지는 않는다. 무엇이 그녀로 하여금 그렇게 자유롭게 대화할 수 있게 만들었을까? 하나님과 당신의 관계에 비추어 보면 또 무엇을 알 수 있는가?
- 그녀의 어떠한 점들을 본받을 수 있을까? 당신과 닮은 점은 무엇인가? 당신은 하나님의 사역에 그러한 특성을 어떻게 사용할 수 있는가?
- 여성에 대해 사람들이 부정적인 태도를 취하게 되는 원인이 무엇일까? 그리고 그러한 편견과 싸우기 위해서 예수는 그의 사역에서 어떠한 방법을 사용하였는가?

우물가의 여인에 대해 좀 더 알고 싶으시면 뒤에 있는 부록 292면을 참조하세요.

열 번째 이야기

마르다

10

마르다

- 이성적인
- 책임감 있는
- 현실적인
- 단호한
- 끈기있는
- 솔직한

관련 성경 구절 : 요한복음 11장
배경 : 베다니(예루살렘으로부터 2마일), 1세기
이야기의 중요성 :

마르다는 그녀의 오빠 나사로가 죽은 후, 예수를 만나서, 나사로가 죽음에서 살아나는 기쁨을 경험한다.

베다니의 마르다_ 현실적이고 열정적인 여인

슬픔이 내 목을 꽉물고 흔드는 들개처럼 나를 물고 늘어졌습니다. 슬픔으로부터 이제 벗어나고 싶었습니다. 오빠 나사로가 불과 나흘 전에 죽었습니다. 동생 마리아와 나는 그와 정말 친하게 지냈습니다. 항상 세 명이 함께 있었는데 지금은 죽음이 우리를 가로 막고 있습니다.

평소처럼 행동하자고 스스로에게 다짐했습니다. 하나씩 하나씩 차근히 해야 한다고 다짐했어요. 이불를 개고, 마당을 쓸고, 허브에 물을 주고, 야채들을 자르면서...

간단한 음식이지만 오랜 시간 동안 천천히 만드는 것이 내가 겨우 할 수 있는 행동이었습니다. 부추향이 메스꺼워졌습니다. 칼이 내 손에서 흔들리고 있었습니다. 눈가가 끈적끈적해졌습니다.

수십명의 손님들과 조문객들이 드나들면서 나를 의자쪽으로 밀어냈습니다. "마르다, 이건 이제 우리가 할게요. 마음껏 슬퍼해요. 우리는 여기에 도와주러 왔어요. 이제 맘껏 슬퍼해요."

그들이 옳았습니다. 친구들과 가족이 이런 슬픈 시간동안 서로 도와주었습니다. 나는 그들의 말을 따라야 했어요. 음식을 좀 먹으려고 했지만, 죽은 나사로가 내 머리를 떠나지 않았습니다. 조용히 앉아있는 것조차 불가능했습니다.

죽음은 갑자기 다가왔고 우리는 전혀 준비되지 않았습니다. 어느 누가 형제의 죽음을 미리 예상하고 준비할 수 있을까요?

나사로는 아파서 쓰러졌고, 그의 몸은 불덩이였습니다. 그가 몽롱해지기 시작했을 때 우리는 예수를 모셔오기 위해 사람을 보냈습니다. 예수와 그의 제자들이 우리가 사는 곳에 왔을 때마다 종종 집에 머물렀었기 때문에, 우리는 예수를 가장 먼저 떠올렸습니다.

나는 항상 가장 좋은 세마포를 그를 위해서 깨끗하게 준비했습니다. 그가 올 때마다 시장한 그를 위해서 뒷곁 채마밭에서 채소를 땄습니다. 가장 맛좋은 스튜와 영양만점의 빵을 준비했었고, 여분의 빵들을 싸서 보냈습니다. 우리는 그와 제자들이 가득 찬 집에서 웃으면서 즐거워했습니다.

그는 긴 하루가 끝날때 즈음에는 절룩거리며 걸을 수는 있어도, 제대로 서 있을 수도 없을 경우가 종종 있었습니다. 심지어 그가 맹인을 눈뜨게는 했지만, 정작 그의 눈은 충혈되어 힘이 빠져나간 것처럼 보일 때도 있었습니다. 그리고 다른 사람을 감동적인 말로 고무시켰지만, 꿀을 넣은 검은 페퍼민트 차를 여러 번 먹어야 할 만큼 그의 목소리는 쉬고 피곤해지곤 했습니다.

그러나 나는 그가 나사로를 고칠 수 있다는 것을 믿었습니다. 겨자씨만한 믿음이 산을 움직인다고 예수가 말씀하셨기 때문입니다. 나는 여러 병의 겨자씨를 가지고 있었기 때문에 아무런 문제가 없었습니다.

그가 나타나기만 하면 됐었습니다.

"걱정하지 마세요. 예수가 오고 있습니다. 모든 것이 괜찮을 거에요."라고 메마른 나사로의 얼굴을 쓰다듬으며 그에게 말했습니다.

마리아와 나는 그의 뜨거운 얼굴을 차가운 천으로 닦았고, 그가 잠을 설치며 숨을 애써 쉴 때, 그의 들뜬 몸에 생명을 불어 넣기 위해서 젖은 솜으로 그의 입술을 적셨습니다.

그 날 오후 그가 힘들어하는 것이 좀 나아지고 몸이 좀 식어서, 더 나아진다고 생각했습니다. 여러 날만에 처음으로 우리를 알아 보았을 때 짧은 미소가 그의 얼굴을 스쳤어요.

그러나 어두운 바다를 가로지르는 가벼운 바람처럼 그는 조용히 우리의 품을 떠났습니다. 그의 가슴이 더 이상 움직이지 않았고, 더 이상 호흡을 하지 않았습니다. 그의 동공은 열렸고, 턱이 늘어져 있었습니다.

그는 죽었던 것입니다.

시간이 지남에 따라 나사로의 몸이 차가워지고 몸이 굳어지면서 우리의 정신도 희미해져갔습니다. 그의 몸에 향유를 바르고 단단히 싸서 차갑고 어두운 무덤에 묻었습니다.

너무 빨리 떠나버린 오빠의 죽음이 슬펐지만, 나흘 후가 되자 나는 우는 것도 지쳤습니다. 예수는 그 때까지도 오지 않았습니다. 그러나 예수가 베다니 근처까지 왔다는 말을 듣고, 마리아가 친구와 빈 난로를 응시하면서 친구들과 집에 조용히 머무르는 동안 나는 예수를 만나러 뛰어 갔습니다.

"주여, 주께서 여기에 있었다면 제 오빠는 죽지 않았을 것입니다." (요한복음 11:21)

예수가 걸어올 때, 어느 때보다도 얼굴이 피곤하고 여위어 보였습니다. 예전에는 바로 그를 집에 모셔와서 음식을 대접하였습니다. 그러나 나는 그를 만나자마자 하소연을 하였습니다. "당신이 여기에 계셨으면 나사로가 죽지 않았을 것입니다." 기다렸지만 그에게서는 아무런 대답이 없었습니다.

"지금이라도 하나님께서는 당신이 구한다면 무엇이든 줄 것을 믿습니다."

그제서야 그와 눈이 마주쳤습니다.

"너의 오빠는 다시 일어날 것이다."고 그가 말했습니다.

"마지막 날 부활할 때 그가 일어날 것을 압니다."

그의 머리가 보이지 않게 움직였고, 나는 슬픔으로 목이 메였습니다.

"마르다. 나는 부활이요 생명이다. 나를 믿는 사람은 죽을 지라도 살 것이다. 그들은 믿음으로 인해서 영생을 얻을 것이고 다시는 죽지 않을 것이다. 너는 그것을 믿느냐?"

"나는 부활이요 생명이니 나를 믿는 사람은 죽어도 살겠고."
(요한복음 11:25)

"예. 주여! 믿습니다. 주가 메시야이십니다."

이 믿음이 새로운 것을 아니었습니다. 나는 그를 오랜 동안 알아왔기 때문입니다. 그의 어깨에서 힘이 약간 빠져나가는 것처럼 보였습니다. 그리고 그의 입가가 약간 올라가는 것처럼 보였습니다.

예수를 사랑하고 믿었지만, 그를 항상 이해할 수 있는 것은 아니었습니다.

뒷문으로 들어가자 눈이 퀭한 마리아가 보였습니다.

"마리아, 선생님이 마을에서 너를 부르고 있어!"라고 속삭였습니다.

말없이 일어나서, 그는 예수를 만나러 갔습니다. 나는 그녀를 바로 뒤따라 갔습니다.

"주여. 당신이 있었다면, 오빠는 죽지 않았을 겁니다."라고 하면서 그녀는 울었습니다.

뭐라고 말할지 그녀에게 말하지 않았지만 내 생각도 역시 같았습니다.

그녀는 더 이상 슬픔을 참지 못하고, 울면서 예수의 발 아래 쓰러졌고 슬픔으로 몸부림쳤습니다. 무언가가 그를 흔들어 놓았고 그도 울기 시작했습니다.

예수께서 마리아가 흐느껴 우는 것과 따라온 유대 사람들도 함께 우는 것을 보시고 마음이 비통해 괴로워하셨습니다.
(요한복음 11:33)

나는 여전히 이 상황이 이해되지 않았지만, 이 순간 예수가 너무나 반갑고 고마웠습니다. 집에서 뛰어나온 수십 명의 사람이 소곤거리는 소리가 들렸습니다.

"그가 맹인을 눈뜨게 했으니까, 나사로도 살릴 수 있지 않을까?"

"가버나움에서 죽은 여자아이를 살렸으니, 그의 오빠에게 똑같이 못할 이유가 없지 않을까?"

"그들이 말하는 그가 맞는지 보러 가자"

예수는 말 그대로 그를 미는 군중들에 의해 떠밀리다시피 해서 무덤 가까이에 가게 되었습니다.

"나사로를 보러 가자. 가자! 가자!" 그들이 소리쳤습니다.

무덤에 도착하자, 내 마음이 슬퍼졌습니다. 돌이 여전히 입구를 단단히 막고 있었습니다.

예수가 “돌을 옆으로 밀어내라.”고 말했습니다.

“주여, 썩는 냄새 조심하세요!”

내가 말을 하고서도 그런 말을 했다는 사실을 믿을 수 없었습니다.

썩는 냄새? 이 세상에서 나사로를 살릴 수 있는 단 한 사람이 도착했는데, 내가 냄새를 걱정하고 있다고?

사람의 몸은 죽은 후 빨리 부패합니다. 그래서 우리가 죽은 사람의 몸을 향료로 닦아내고, 단단히 묶는 것입니다. 벌써 나흘이 지났기 때문에 악취가 나고 있었습니다. 지금 나사로 몸을 밖으로 꺼내면 어떤 느낌이 들까요? 분명히 예수도 죽은 사람이 어떠하리라는 것을 알고 있었을 겁니다. 오빠를 사랑한만큼 그의 죽은 몸을 보기가 더욱 힘들었습니다.

제 염려에도 불구하고, 예수는 돌을 굴려놓으라고 명령했습니다.

그러고는 하늘을 향해 말씀하셨습니다.

“아버지여, 내 말을 들어주심에 감사합니다. 당신은 내 말을 항상 들으시지만, 내가 큰 목소리로 말하는 것은 여기 있는 모든 사람이 아버지께서 나를 보내셨음을 알게 하려 함입니다.”

“아버지?” 그가 하나님을 “아버지”라고 부른다고?

숨을 크게 쉬고, 예수는 하늘만큼이나 깊은 소리로 외쳤습니다.

“나사로, 나오너라.”

침묵… 무덤 속의 어둡고 긴 침묵. 우리는 아무런 소리도 내지 않고 고요함이 깨지기를 기다렸지만, 아무런 일도 일어나지 않았습니다. 무덤 속에는 침묵밖에 없었습니다. 죽은 자의 침묵. 죽은 자의 절대 침묵. 차가운 공허감.

그리고는... 거의 인식할 수 없을 정도의 소리... 숨... 덜걱거리는 소리... 세마포로 싸인 익숙한 형체가 밝은 태양 아래로 비틀거리며 나타났습니다!

내가 보는 것을 믿을 수 없었습니다. 죽은 사람이 걷다니!

"그를 풀어주어 걸어 다닐 수 있게 하라." (요한복음 11:44)

"그의 몸을 싼 천을 풀어주어서 걸어 다닐 수 있게 하라!"고 예수가 말했습니다.

우리가 사랑하는 오빠가 살아 났어요!

우리는 그에게로 뛰어가서, 그를 싼 천을 미친 듯이 풀었습니다.

그는 죽음이라는 깊은 감옥에 있었지만, 이제 자유롭게 풀려났습니다.

조문자들 중 몇몇이 얼굴이 하얘진 채로 도망쳤습니다.

친구들과 이웃들 대부분이 함께 있으면서, 몇몇은 그대로 굳은 듯이 서 있었고, 몇몇은 놀라서 발을 굴렀습니다. 마리아와 나는 나사로가 사라지기라도 할까봐 두려워서 그에게 바짝 붙어 있었습니다. 나는 지금까지 그런 기쁨을 누려본 적이 없었습니다. 그리고 그때 예수는 미소지었습니다.

예수께서 말씀하셨습니다. "네가 믿으면, 하나님의 영광을 볼 것이라고 내가 네게 말하지 않았느냐?" (요한복음 11:40)

베다니의 마르다가 우리에게 주는 교훈

다른 사람과는 다르게 단호하게, 마르다는 나사로가 죽어갈 때 예수가 있었더라면 달라졌을거라고 굳게 믿었다. 그녀는 실질적이고 솔직한 방식으로 자유롭게 그를 만났다. 마르다는 행동했고 예수는 들었다. 많은 여성과 같이 요리, 청소, 집을 정리하는 것과 같은 무수한 일상적 일들 속에서의 보살핌을 바탕으로, 마르나는 예수와 우정어린 관계를 유지하였다.

••• 베다니의 마르다로부터 무엇을 배울 수 있는가?

- 기독교인들은 예수와 부활을 믿기 때문에 이 얘기를 당연하게 여길 수도 있다. 그러나 죽음에서 어떤 이를 살리는 일(특히 나흘이나 무덤에 있었던 사람을)은 이전에 없었던 행위이다. 당신이 사랑했던 죽은 자를 생각해 보라. 관 속에 누워있던 죽은 사람이 다시 살아나는 사건을 어떻게 생각하는가?
- 단호하고 확고하게, 마르다는 그녀의 오빠가 죽은 후 예수가 곤란해질 수도 있는 상황을 그대로 받아들이지는 않았다. 그녀의 믿음에 대해 무엇을 말할 수 있는가? 그녀의 부탁을 예수가 예상할 수 있었다고 생각하는가? 이 책에서 그녀를 다른 여성과 어떻게 비교할 수 있는가?

✔ 예수는 나사로가 죽었다는 사실을 알았지만, 마르다의 부탁을 받고 베다니로 서둘러 오지 않았다. 예수는 왜 지체했을까?

마르다에 대해 좀 더 알고 싶으시면 뒤에 있는 부록 295면을 참조하세요.

열한 번째 이야기

베다니의 마리아

11

베다니의 마리아

✝ 사색적인

✝ 관대한

✝ 변명하지 않는

✝ 열정적인

✝ 다정한

관련 성경 구절 : 요한복음 제12장, 누가복음 제10장

배경 : 베다니, 1세기

이야기의 중요성 :

마리아는 놀랍도록 인간적인 호의와 앞을 내다보는 지혜로 예수의 발에 향유를 부어 자신의 머리카락으로 닦아 드렸다. 그러한 행동은 십자가로 향하는 예수에게 큰 위안과 힘이 되었다.

베다니의 마리아_ 극진한 환대

이제는 더 이상
그에게서 받기만 할 수 없는
시간이 왔습니다.

내가 사랑하는
그 남자는 무리에 둘러싸여 있어요.
그들은 들었고
고개를 끄덕이면서
음식을 먹었고
말을 장황하게 늘어놓았고
그가 함께 있는 것을 너무나 당연히 여겼어요.

잔인한 칼을 휘두르며
곧 그를 덮치려고
다가오는
죽음을 그들은 보지 못했어요.

마르다와 저는
그의 베다니 방문이
마지막이 될 지도 모른다고
얘기하기 전날 밤
어두운 그림자가 드리우는 것을 보았어요.

그의 목소리는
피곤했고
두려움이 묻어 있었고
지쳐 있었어요.

제가 그에게 주고 싶었던
기쁨의 순간
휴식의 시간
희망의 시간을
그들은 그로부터 앗아갔어요.

저는
그가 고난을 피하지 않고
받아들이기
이전에
준비할 것이 있습니다.

그와 함께 할 것이고
향유를 부을 것이고

죽음을 앞둔
그를 위해 준비할 것입니다.

일년치 월급의
향유를 사왔는데,
그것 이외에는
할 수 있는 것이 없었습니다.

저는 그의 발 밑에 무릎을 꿇고 앉아서
여행에 길들여진, 먼지 묻고 상처 난 발에
눈물을 흘렸습니다.
그의 생명이 있는
이 순간이
곧 끝날 것이기 때문이었습니다.

그의 발에 향유를 부어서
갈라진 틈 속
먼지가 사라지도록
부드럽게
문질렀습니다.

방을 가득 채우는
생기 가득한 향이
다가올 변화를 알리고 있었습니다.
그들이 얘기하는 것을 멈추었고

침묵 속에서
그는 눈을 감았고
한 방울의 눈물이 떨어졌습니다.
제 머리카락으로
굳은 살을 덮었고
그의 눈물과 제 눈물이 섞였고
뼈 속 가득한
그의 피로를
잠시나마 풀어 주고
땅에서 묻은 먼지
고통들
그리고 그와 저의
슬픔을 달랬습니다.

그의 발이 깨끗해졌고
그의 영혼의 고통이 잠시 멈추고
이 순간의 기억이 함께
하기를
저는 바랬습니다.

끔찍한 일이 다가오기 전에.

베다니의 마리아

만약 예수가 결혼하기를 원했다면, 내가 맨 앞 줄에 서서 문을 두드렸을 거예요. 거기서 나는 고백했을 것입니다. 마치 내일이 없는 것처럼 그를 사랑했답니다. 남은 인생을 그와 함께 보내려고 했고, 그럴 수 있었다면 나는 세상에서 가장 행복한 여자가 되었을 거예요.

그가 "마리아, 나를 따라 와라."라고 말했다면, 나는 그를 따라 집을 떠나서 다시는 돌아오지 않았을 것입니다. 그러나 결혼 이외에 그가 해야 할 일들이 많았습니다. 그리고 그것은 평범한 사람이 누리는 일상적인 삶이 아니었습니다. 여자들은 결혼할 때 말 한 마디도 못하고 아버지나 오빠들의 결정을 따랐습니다. 보통 한 명의 부인이 이미 있는 남자나, 여자를 먼지처럼 취급하는 남자와 결혼했습니다. 그 당시에는 사랑이 중요하게 여겨지지 않았습니다.

예수가 결혼에 대해 생각했다면 나는 정말 감당할 수 없을 정도로 기뻤을 것입니다. 하지만 그는 마음 속에 더 큰 무언가가 있었고, 그것이 그를 더 사랑하게 만들었습니다.

그 이외에도 그에게는 제자들이 있었습니다. 그는 "내게 오라!"고 열두 명의 거칠고, 냄새나고, 떠들석한 남자들을 지명하여 부른 후 제자로 받아들였습니다. 그들 중 절반은 예전에 고기잡이 낚시로 생계를 유지했었습니다. 또 한 명은 세리였습니다. 예수는 그들을 제자라고 불렀고, 그들은 어디든 같이 다녔습니다. 갈릴리, 가버나움, 사마리아 등으로. 그들은 검게 그을렸고, 강했고, 유쾌했고, 도전적이어서 예수를 그들에게서 빼앗으려는 사람을 누구라도 가만 두지 않았을 거예요.

예수와 그의 제자들은 이 길을 지나갈 때 종종 우리와 함께 머물렀고, 그 때가 가장 제 인생에서 행복한 순간이었습니다. 그리고 나는 그 어느 누구도 할 수 없는 일을 했습니다. 그것이 내가 해야 하는 모든 것이었는데, 제자들을 크게 화나게 했습니다.

베다니의 작은 마을에서 나는 언니인 마리아와 오빠 나사로와 함께 살았습니다. 과부인 마르다는 우리의 이웃과 함께 사용했던 마당을 둘러싼 2층 집에 남게 되었습니다. 대부분의 과부는 가진 것 모두를 잃고, 남자 친척들에게로 가거나 생계를 위해서 매춘을 해야 했습니다.

그러나 전남편 가족의 친절과 나사로의 보호로 마르다는 그녀 자신의 집을 그대로 지키게 되었고 우리 세 명이 함께 지내게 되었습니다. "집을 지키다"라는 말은 하나님께서 언제든지 문으로 들어오실 수 있도록 지켰다는 뜻입니다. 마르다는 하루에 다섯

번이나 집을 청소해서 바닥이 마치 공단처럼 윤이 났습니다. 그녀는 커텐을 병사들처럼 정확하게 정렬하였습니다. 야채와 허브가 마치 아기들처럼 사랑받아 잘 자라는 것처럼 보였습니다. 이불을 매일 햇빛에 널어 말렸습니다. 맛있는 스프와 스튜가 항상 우리를 위해 준비되어 있었습니다.

어느날 마르다가 부드럽게 누군가를 뒷문으로 내보내는 것을 보게 되었습니다. 저는 그가 우리 집에 종종 와서 아몬드 쿠키와 과일 케익을 받아 가곤 했던 이웃아이인 에스라라고 생각했습니다.

"가! 넌 밖에 있어야 해. 신선한 공기도 마셔야 해. 이제부터 잘 지내도록 해."

그녀의 어깨 너머로 손에 가득 뭔가를 쥔 에스라를 보기를 기대했었습니다. 하지만 그렇지 않았어요. 우리 집에서 돌아다니는 벌레를, 분명히 잡을 수 있을 거라고 생각하고 들어왔을 거미를 마르다는 부드럽게 놓아주고 있었어요. 나는 거미에게 우리 집은 너무 깨끗해서 벌레를 잡을 수 없을 것이라고 말하고 싶었습니다. 어린아이든 거미든 누구든지 내 언니보다 더 너그러운 마음을 가진 사람을 어디에서도 찾아보기는 힘들 것입니다.

마르다의 따뜻한 마음은 나사로의 사교적인 성격과도 잘 맞았습니다. 목수라는 직업의 특징상 그는 집에 항상 한 명 또는 두세 명의 새로운 친구들과 함께 왔습니다. 베다니와 예루살렘에 있는 모든 사람이 우리 집에 초대되는 듯했습니다. 그가 새로운 친구를 찾아서 거리를 헤매었기 때문일까요? 아니면 목수로서 집을 짓거나 책상이나 걸상을 만들면서, 항상 사람들에게 그들이 무엇이 필요한가에 대해 얘기했거나 마음이 맞았기 때문이었을까요? 나는 둘 다라고 생각합니다.

그는 우리의 작은 집에서 밤마다 재미있는 얘기를 들려 주었는데, 모든 사람들이 웃고 얘기를 하면서 치즈, 생선, 빵, 야채와 땅콩을 먹었습니다. 이른 아침에 수금과 탬버린이 큰 소리로 우리를 깨울 때까지 램프의 불빛이 거리와 마당으로 흘러내리곤 했습니다.

친구들, 음악 그리고 노래로 축복받는 생활을 했다는 사실은 알고 있었지만, 오빠가 예수와 그의 제자들과 함께 어느 날 오후 집에 왔을 때, 더욱 절실히 우리가 누린 그 축복을 깨닫게 되었습니다.

다양한 색으로 염색하여 엮어서 직접 만든 형형색색의 차양막으로 뜨거운 태양이 가려진 마당에서, 나사로는 우리가 얘기하는 것을 듣고 했습니다. 그가 어쩌다가 몇몇 소녀들을 집으로 데리고 왔을 때, 우리는 석류와 민트를 넣은 차가운 물을 함께 마시면서 재미있었던 일들에 대해 함께 얘기했습니다. 마르다도 즐거워 했지만 그들이 집으로 돌아 갔을 때를 더 좋아했습니다.

어느날 그가 뒷문으로 머리를 내밀었습니다.

"얘들아. 나 배고파. 지난 주 폭풍 때문에 오늘 일을 너무 많이 했어. 저녁 식사를 좀 준비해 줄래?"

당연히 대답은 "예"였습니다. 한번도 안된다고 한 적은 없는데, 언제부터 그렇게 그가 묻기 시작했는지?

나는 마르다가 그날 농담을 한다고 생각했습니다. "나사로. 언제 밥 안먹는다고 한 적 있어요?"라고 중얼거렸는데, 그녀는 잠자는 것처럼 눈을 지긋이 감고 있었어요. "우리는 오늘 하루 음식을 먹지 않으려고 생각하고 있었어요."

"오, 정말?"

"그래요. 저는 하루 종일 여기에 앉아 있을 생각이었습니다. 아마도 밤까지. 어쩌면 남은 인생 동안."

내 눈이 커졌습니다. 이것은 마르다 같지 않은 일이기 때문이었습니다. 그녀는 무슨 말을 하고 있지? 무엇을 생각하고 있다는 말인가?

나사로 뒤에서 누군가가 방 전체를 가득 채웠습니다. 더위에 후줄근해진 남자가 그 자리를 가득 채우고 있었고, 하루 종일 일에 지친 그의 옷은 낡아 있었고, 얼굴은 햇빛에 그을러 있었습니다. 그가 새 친구에게 집에 맛있는 음식이 있다면서 초대했으리라고 짐작할 수 있었습니다. "마르다, 눈을 떠 봐."라고 속삭였습니다.

"좀 더 쉬고 싶어."

그와 함께 그녀가 코를 골기 시작했습니다.

"마르다, 일어나!"라고 그가 소리쳤습니다.

"괜찮아요. 그냥 쉬게 해. 잠이 부족하잖아요. 요시야가 죽은 후 거의 잠을 자지 못했잖아요."

요시야? 그녀의 사랑하는 남편인 요시야에 대해서 말하다니. 그녀가 잠을 이루지 못했다는 사실을 누가 알았을까요? 저만 그녀가 잠을 통 자지 못했다는 사실을 알았습니다. 매일 밤 침대에서 뒤척였고, 결국 속삭이는 기도와 찬송으로 선잠을 청했고, 아침에는 지쳐서 일어났습니다. 나는 모르는 척했고, 그녀 역시 말하지 않았습니다.

그렇게 말했던 사람이 마당으로 들어섰습니다. 그들 모두 건장해 보이긴 해도 육중하지는 않았어요.

그는 다른 사람과 달리 키가 크고, 부드러운 피부, 긴 손가락과 발가락을 가졌고 야위었습니다. 지나치게 야위었지요. 그의 허리에 묶인 띠는 네 번이나 감겨져 있었습니다. 언니가 그 모습을 보았다면 그에게 재빨리 음식을 준비해서 대접했을 것입니다.

우리 시대 여자들은 눈을 아래로 내리뜨고 있어야 했고, 낯선 남자와 직접 눈을 마주쳐서는 안됐습니다. 그러나 나는 이 남자가 낯선 사람이 아니라는 느낌을 받았습니다. 그래서 그의 발과 눈과 등을 다시 살펴보았습니다.

먼지로 뒤덮인 그의 발은 수백리를 쉬지 않고 걸어온 것처럼 보였습니다. 신발 한 쪽 줄이 떨어져서 다른 줄로 대신 매여 있었습니다. 다른 쪽 신발 바닥도 그의 발과 바닥 사이에 있는 양피지 조각처럼 얇아 보였습니다.

특히 그의 눈이 내 주의를 끌었습니다. 마치 내 눈이 그의 눈과 얘기하는 것처럼 느껴졌습니다. 얘기라니? 어떻게 눈과 얘기할 수 있을까?

나중에서야 그 눈은 하나님의 영이, 땅조차도 없었던 아무 것도 없는 곳 위에서 머물 때, 세상을 창조하면서 빛으로부터 분리된 어둠을 보았던 그 눈이라는 것을 알게 되었습니다. 그의 손짓 하나로 별들과 행성들이 일제히 움직인다는 것도 나중에 알게 되었습니다. 그가 낯선 사람처럼 여겨지지 않았던 이유는 내가 어머니의 자궁 속에 있었던 때에도 그가 항상 함께 있었기 때문이었습니다.

그 당시에는 아무것도 몰랐지만, 그가 항상 함께 있었으면 좋겠다는 소망만은 확실히 알 수 있었습니다.

"마르다! 우리 때문에 일부러 식사를 차리지 않아도 돼요."라고 예수가 말했습니다. 그의 목소리에는 갈릴리 억양이 약간 섞여 있었습니다. "그렇게 열심히 일해서 당신의 공허한 마음을 채울 수 있었으니, 이제는 좀 쉬는게 좋을 것 같아요. 당신은 다른 사람들에게 이미 너무 많은 것을 주었으니까, 우리에게 더 이상 주지 않아도 돼요. 다른 사람을 포용하는 것이 당신의 진정한 재능이기도 하지요. 그래도 당신의 마음은 휴식이 필요해요. 정말로."

"마음도 휴식이 필요하다고? 이 남자는 도대체 누구란 말입니까?"

"마르다, 마리아, 이 분은 예수님이셔."라고 마당으로 건너 가면서 나사로가 말했습니다. "그리고 그의 친구인 베드로, 도마, 요한, 야고보, 안드레, 바돌로매, 아...그리고 이제 그만 할게. 환영합니다. 여러분. 환영해요!"

그와 함께 마르다도 마치 강아지가 여기저기 뛰면서 비둘기 떼들을 광장에서 흩뜨리는 것처럼 재빨리 행동하기 시작했습니다. 반면에 나는 천천히 움직였습니다. 아주 천천히. 내가 바라는 모든 것은 앉아서 예수가 하는 말씀을 듣는 것이었고, 다음 세 시간 동안 그렇게 했습니다. 전혀 움직이지도 않고 앉아 있었습니다.

예수는 하나님에 대해 말했습니다. 치유와 구원에 대해서도 말했습니다. 그는 종종 이해하기 쉬운 예를 들면서 말씀했습니다. 물고기를 낚는 얘기, 등불을 켜 두는 얘기, 씨를 뿌리는 얘기들. 이해하기 어려운 예도 있었지만, 대부분은 이해할 수 있는 말씀들이었어요. 여러 시간 동안 저는 그의 말씀을 들을 수 있었고, 실제로 그렇게 했습니다.

"마르다, 제가 도와 줄게요." 언니가 혼자서 많은 음식을 만드느라고 고군분투하는 것을 깨닫고 그제서야 더듬거리며 말했습니다. 정말 도와주려고 했던것은 아니었습니다. 저는 가만히 움직이지 않고 있었습니다.

반면에, 마르다는 마치 일당 10의 일군 같았습니다. 그녀는 가장 좋은 저녁 식사 중의 하나인 매콤한 민트 소스를 곁들인 양갈비를 준비하고 있었습니다. 그녀가 왜 그렇게 하는지는 몰랐습니다. 그런 음식은 보통 결혼식과 같은 축하자리에 마련되는 음식이었지만, 그녀가 하는대로 그냥 보고 있었습니다. 그녀는 팽이처럼 재빨리 정육점에 뛰어가고, 허브를 자르고, 소스를 끓이고, 꿀과 함께 섞어서 테이블을 차렸습니다.

시간이 흐르면서 구석에 있는 부엌과 화로가 있는 안마당 사이가 점점 소란해졌습니다. 여전히 나는 움직이지 않고 가만히 있었어요.

드디어 얼굴이 붉어진 마르다가 땀을 흘리면서 방으로 비틀거리며 들어왔습니다. 고기 낚는 얘기가 베드로, 안드레 사이에서 오고 갔습니다. 요한과 마태, 그리고 다른 제자들은 예수 주변에서 바닥에 앉거나 다음 말을 기다리면서 무리지어 앉아 있었습니다.

그녀는 방해하지 않으려고 우리 뒤에 잠깐 조용히 서있었습니다. 잠시 후 갑작스러운 폭풍처럼 말들을 쏟아내기 시작했습니다.

"여러분 모두 식사하기를 원한다면, 저 혼자서는 힘들습니다. 예수님, 마리아에게 저를 도와주라고 말씀 해주세요."

그녀가 불평한다고 생각했을지도 모르지요. 아마도 그랬을지도 모르지만, 그녀는 그럴만한 자격이 있었습니다. 15명분이나 되는 식사를 혼자서 준비하고 있었던 것입니다.

"마르다." 예수가 조용히 말씀하셨습니다.

"마리아는 더 좋은 편을 선택했다."

내가 더 좋은 편을 선택했다고? 정말?

눈을 크게 뜨고 그녀를 보았습니다.

마르다는 다행히도 미소를 지었습니다. 그리고서 내 옆에 앉아서, 숨을 깊게 쉬고서 그녀의 머리를 내 어깨에 얹었습니다.

그녀는 마침내 조용해졌습니다. 그가 그녀의 마음을 진정시켰던 것입니다. 그녀가 저녁을 만들기 위해서 일어났을 때 나도 따라 나섰습니다. 그날 밤 그녀는 더 이상 뒤척이지 않고, 평화롭게 잠들었고 그 후 몇 년간도 그러했습니다.

그 이후로 예수와 그의 제자들은 몇 달에 한 번씩 우리 집을 방문했습니다. 동네 소년들이 달려와서 소식을 앞서서 전해주기는 했지만, 그들이 언제 오게 되는지는 우리도 정확하게 몰랐습니다.

그가 아무 말 없이 갑자기 왔을 때가 가장 좋았습니다. 순식간에 길과 안뜰이 북적이기 시작했습니다. 창문을 통해서 몰래 들여다 보기도 하였고, 마을 사람들이 그를 보기 위해서 가까운 지붕 위에 올라서기도 했습니다.

나중에 그들은 어둠이 내린 후 한두번 온 적도 있었습니다. 그가 낮에는 너무나 바빴고, 그들이 마을로 더 쉽게 들어올 수 있기 때문이기도 한 것 같았습니다. 그의 야윈 몸이 급격하게 수척해졌고, 그의 발에 물집이 생기고 투박해졌습니다.

예수는 어쩌다 한 번씩은 자신의 고통을 우리 집에서 달래고 싶어하는 것처럼 보일 때도 있었습니다. 그가 단순히 우리집에 식사나 잠잘 곳이 필요해서 오는 것이 아니라는 것을 나는 마침내 깨달았습니다. 그의 마음도 우리만큼이나 쉴 곳이 필요했고, 그를 대접하는 것이 우리에게는 큰 영광이었습니다.

예수가 늦은 오후 베다니로 들어설 때가 우리가 그를 마지막으로 보았을 때였습니다. 나사로를 죽음에서 다시 살린 이후 우리는 그를 오랜 동안 보지 못했습니다. 우리 형제 나사로. 그것은 누구도 예상하지 못한... 정말 기적이었습니다. 그 일 때문에 예수는 문제를 일으키는 사람으로 여겨지게 되었고, 그는 쫓기게 되었습니다.

나사로를 살린 사건이 더 큰 문제를 만들게 되었습니다. 이제 제사장들이 예수를 죽이려는 음모를 꾸미게 되었습니다. 제사장과 바리새인들은 그를 보는 즉시 잡아야 한다고 말했습니다.

더 이상 예수를 자주 볼 수 없다는 사실을 알았기 때문에, 나는 더 열심히 말씀을 들어야 한다고 생각했습니다. 그러나 그 순간만큼은 그럴 수 없었습니다. 마치 벌이 꿀에 끌리듯이, 그의 발에 제 관심이 집중되었습니다. 그는 마치 1km도 더 걸을 수 없는 것처럼 보였습니다. 보통은 초대하는 사람이 문 앞에서 무릎을 꿇고 앉아서 준비한 수건으로 손님의 발을 씻어주어야 했습니다. 하지만 나사로는 그것을 잊어 버렸습니다.

그의 발을 바라볼수록, 제대로 손님을 맞이해야겠다는 생각이 들었습니다.

마르다는 집은 소유하고 있지만, 가진 돈은 없었습니다. 나 역시 마찬가지였지만, 나사로가 저금한 돈이 있었습니다. 나는 그가 잠을 자는 지붕 구석으로 올라가서 벽돌 속에 숨겨둔 금화를 찾아냈습니다. 그가 몇 년동안 모아두었던 금화를 집어들고 온갖 약제류를 파는 상점이 있는 마을 광장으로 달려갔지요. 내 손에는 일 년간 벌어야 모을 수 있는 돈이 있었습니다. 나사로가 나를 용서해주기만을 기도했습니다.

상점 주인은 제일 높은 선반에 나드 한 병을 올려 놓았었습니다. 모든 마을 사람들이 그것을 알았습니다. 그것은 왕을 위한 귀한 향유였습니다. 우리 마을을 지나가는 왕이 거의 없었기 때문에, 그런 향유를 보관하는 상인이 미쳤다고 사람들은 생각하기도 했습니다.

"나드, 나드를 주세요."라고 말했습니다.

그 남자는 눈을 굴리면서, 내 가슴을 쳐다보았습니다. 나는 밤늦게 남자의 보호도 없이 혼자서 거리에 있는 여자였고, 그렇게 하는 것은 금지되어 있었습니다.

"아마도 내가 동전을 한 두 개 도와줘야할 것 같아요. 이것이 당신이 벌 수 있는 돈이에요."라고 그가 말했습니다.

나는 "지금 바로 나드를 주세요."라고 크게 소리치면서 카운터에 금화를 놓았습니다.

그는 내 말대로 나드를 주었습니다. 내가 걸어 나올 때 그의 입은 벌어져 있었고, 그의 눈은 눈앞의 금화에 고정되어 있었습니다.

마치 아이처럼 나는 나드를 껴안고, 안전히 가져가기만을 바라면서 집을 향해 언덕을 뛰어 내려갔습니다. 이미 제자들이 예수를 둘러싸고 하나님과 기도와 앞으로 다시 올 것들에 대해 이야기 하고 있었습니다. 처음으로 그가 무슨 말을 하는지 신경쓰지 않았고, 그리고 다른 사람이 어떻게 생각하는지에 대해서도 신경쓰지 않았습니다. 확실한 것은 왕을 위해 만들어진 향유를 그에게 사용할 것이라는 사실이었습니다. 그것은 앞으로 오게 될 왕을 준비하기 위함이었고, 다가올 그의 죽음을 대비하기 위한 것이었습니다.

그때 마리아가 매우 값비싼 향유인 순수한 나드 1리트라를 가져다가 예수의 발에 붇고 자기 머리털로 예수의 발을 닦아 드렸습니다. 집안은 온통 향내로 가득했습니다. (요한복음 12:3)

나는 가쁘게 숨을 몰아쉬며 방에 들어섰습니다.

내가 예수의 발 앞에 무릎을 꿇었을 때 모든 대화가 중단되었습니다. 신발을 벗기고, 코르크 마개를 열었습니다. 향이 방을 가득 채웠습니다. 깨끗하고, 깊고, 좋은 기분이 들고, 그윽한 향기가 우리를 아늑한 곳으로 이끄는 것 같았습니다.

눈물이 그의 발 위로 흘러내렸습니다. 그의 발과 내 얼굴을 닦으려고 수건을 찾았지만 수건이 없었습니다. 주인이 예로부터 손님을 대접하기 위해 어깨에 걸쳤던 수건을 깜박 잊어버리고 걸치지 않고 있었던 것입니다.

그래서 수건 대신 내 머리카락을 사용했습니다.

이처럼 조심스럽게 무엇인가를 해본 적은 이전에 없었습니다. 이렇게 성스럽게 행동한 적도 없었습니다. 그리고 이렇게 내가 하는 일을 사랑한 적도 없었습니다.

이 일을 끝내고 그의 발꿈치에 기대어 서있을 때, 뒤에서 화난 목소리가 들렸습니다.

"도대체 당신 누이는 무슨 일을 하는거예요?"

"나사로, 누이를 여기서 내보내세요! 그녀가 이렇게 예수님에게 손댈 권한이 없습니다!"

"이 향이 너무 강해요! 마치 매춘하는 장소에서 나는 냄새 같아요!"

그때 제자들 중 하나이며 나중에 예수를 배반할 가룟 유다가 말했습니다.

"왜 이 향유를 300데나리온에 팔아 가난한 사람에게 주지 않고 낭비하는가?" (요한복음 12:4-5)

"아니. 이 냄새는 마치 궁전에서 나는 것 같아요! 왕과 왕자의 향!"

그 중에 화가 나서 신경질적인 목소리 하나가 들렸습니다. "왜 이 향유를 300데나리온에 팔아 가난한 사람에게 주지 않습니까?"

독선적인 그 목소리는 유다의 것이었습니다.

며칠 후 우리 주를 악한 사람에게 팔아넘길 사람 유다는 가난한 사람을 동정하는 말을 하고 있었습니다. 가난한 사람들! 하지만 그는 한 번도 그들에게 진정한 관심을 보인 적이 없었습니다. 회계를 맡았던 그는 매일 돈을 관리했지만 제대로 하지도 않았고 한 번도 가난한 사람에게 베푼 적이 없었습니다.

> "가난한 사람들은 항상 너희와 함께 있지만 나는 항상 너희와 함께 있는 것은 아니다." (요한복음 12:8)

"그녀를 내버려 두어라. 내 장례를 준비하게 놔 두어라! 가난한 사람들은 항상 너희와 함께 있지만, 나는 그렇지 않다. 그녀는 나를 위해 그렇게 한 것이다."

놀란 제자들이 조용해졌습니다. 예수가 저를 구해주었습니다. 그가 제게 와서, 모욕하는 사람들로부터 저를 보호해서 가까이 이끌었습니다. 다른 어떤 것도 문제가 되지 않았습니다.

> "그대로 두어라. 이 여인은 내 장례 날을 위해 간직해 둔 향유를 쓴 것이다." (요한복음 12:7)

베다니의 마리아가 우리에게 주고 교훈

베다니의 마리아는 인간적이고 감동적인 방법으로 예수를 대했는데, 그러한 마리아의 방식은 제자들을 화나게 했고 불편하게 했다. 예수의 가르침을 따르면서, 모든 사람 앞에서 예루살렘과 십자가를 향해서 결국 생을 끝내게 될 그의 선택을 존중한 마리아를 예수는 소중하게 생각했다. 그녀는 예수의 행동을 제지하거나, 미리 슬퍼하려고 하지는 않았다. 그녀는 대신 그에게 사랑과 지지를 보내주었다.

●●● 베다니의 마리아게서 무엇을 배울 수 있는가?

- 남자의 발에 값비싼 향유를 붓고 그녀의 머리카락으로 말리는 행동은 매우 감각적이다. 이 행동이 예수가 죽음을 준비하는데 어떤 도움이 되었는가?
- 마리아의 행동에 왜 제자들이 화가 났는가? 그들은 정당한 이유가 있었는가?
- 마리아와 마르다는 예수를 대접하는 사역을 했다. 마리아가 예수의 가르침을 듣기를 좋아한 반면에, 마르다는 항상 신선한 식사와 편안한 침대를 예수를 위해서 마련하였다. 그들의 행동에서 무엇을 배울 수 있는가?

베다니의 마리아에 대해 좀 더 알고 싶으시면 뒤에 있는 부록 297면을 참조하세요.

열두 번째 이야기

막달라 마리아

12

막달라 마리아

- 대담한
- 헌신적인
- 충성스러운
- 순수한
- 두려움 없는

관련 성경 구절 : 요한복음 20장, 누가복음 8장
배경 : 예루살렘, 1세기
이야기의 중요성 :

막달라 마리아는 부활한 예수를 처음 보았고, 요한복음에 의하면 다른 사람들에게 이 좋은 소식을 전한 첫 사람이었다.

막달라 마리아_ 영원한 변화

도무지 잠을 이룰 수가 없었습니다. 그런데 그것이 문제가 아니었습니다. 잠은 못자는 것은 아무 것도 아니었습니다. 예수가 십자가에서 돌아가셨기 때문입니다.

그래서 위험을 무릅쓰고 아침 일찍 차갑고 어두운 예루살렘 거리로 서둘러 달려갔습니다. 그러나 우리는 더 이상 기다릴 수 없었습니다. 안식일을 지키지 않으면 중벌에 처해진다는 것을 이미 알고 있었습니다. 하지만 우리는 자유롭게 예수에게 향유를 바르고 깨끗한 세마포로 그를 싸서 무덤에 묻고 싶었습니다.

이제 그의 죽음이 마침내 받아들여지기 시작했습니다. 그래도 우리는 그런 일이 일어날 거라고 생각해 본 적이 없었습니다. 비록 그가 때가 가까웠다고 말하기는 하였지만, 우리는 그 말을 믿지는 않았습니다.

마리아와 살로메와 또 몇 사람들은 그가 죽어갈 때 떨면서 골고다에서 서 있었어요. 그가 목 말라할 때 군인들이 식초를 입에 갖다 대자 우리는 놀라서 움찔거렸습니다. 그의 옆구리에서 피가 흘러내릴 때 우리는 그들에게 분노했습니다. 저는 십자가로 달려가서 그를 안전한 곳으로 옮기고 싶었습니다.

그렇게 하고 싶었지만, 그의 눈은 제게 그대로 있으라고 만류했습니다. 그는 제가 그를 위해서 무엇이든 할 것이라는 것을 알고 있었습니다.

다른 사람과 달리, 저는 아주 어린 시절부터 고문을 당했기 때문에 저는 고통을 두려워하지 않았습니다. 제 몸이 바로 감옥이었지요. 몸 안에 일곱 귀신들이 있었고, 제 기쁨과 맑은 정신을 다 무너뜨린 후에 그들이 저를 죽일거라고 생각했습니다.

아마도 그 중 한 귀신은 죽을 때까지 따라 다녔을 것 같았습니다. 또 한 귀신은 다른 사람을 해치라고 유혹했을 거예요. 그러면 저는 사람들에게 돌을 맞게 되었을 것입니다. 아니면 그들이 제 속에 조금이라도 남은 영혼마저 절망의 나락으로 떨어뜨리려고 했을지도 모릅니다.

예수를 만났을 무렵 저는 거의 포기했었습니다. 노력했지만 두려웠습니다. 어디에서나 소외당했습니다.

그러나 한 순간에 단 한 번의 접촉만으로 그는 제 마음과 육체와 영혼을 치유했습니다. 그는 제게 손을 얹기 전부터 내 존재를 알고 있는 듯했습니다. 그리고 귀신들도 잘 알고 있어서, 그들 모두의 이름들을 불렀습니다.

"그녀를 떠나라. 그녀는 이제 자유롭게 될 것이다."라고 말씀하셨습니다.

"그녀는 이제 자유롭게 될 것이다."

살아오면서 처음으로 저는 건강해졌습니다. 그리고 제 속에서 그렇게 오랜 동안 힘들게 했던 끔찍한 짐들이 없어지게 되었습니다. 처음으로 스스로를 믿게 되었고, 다른 사람들도 마찬가지였습니다.

그의 친구는 저의 친구가 되었습니다. 여자들은 자매같아서, 제 마음과 영혼을 다해서 그들을 보호했습니다. 남자들은 친절하고 존경스러웠고, 그것은 새로운 경험이었습니다. 그래서 그 동안 사람들에 대해 가져왔던 경계심이 무너지기 시작했습니다. 웃음이 새로운 선물이 되었고, 관대함이 우리의 생활양식이 되었습니다.

그리고 제게도 새로운 목적이 생겼습니다. 하나님의 영을 알고 싶어졌습니다.

십자가에 서서 가쁜 호흡이 잦아들 때까지 예수를 바라보고 있었습니다. 하지만 마지막 순간에는 그의 얼굴조차 볼 수 없었습니다. 마침내 눈물이 흘러내리고 무릎이 땅에 무너져 내렸습니다. 그리고는 그는 떠났고, 빼앗겼고, 태양이 어둠에 가려졌고, 모든 희망이 없어졌습니다.

우리는 무덤으로 걸어갔습니다.

깊이 숨을 쉬면서, 한 걸음씩 내딛으면서, 눈을 들고 앞을 똑바로 보았습니다.

무덤 앞에는 커다란 바위가 문 입구를 단단히 막고 서 있었습니다. 우리가 그 바위를 움직일 수 있기를 마음 속으로 빌었습니다.

그러나 모퉁이를 돌아서자, 심장이 마치 파도에 놀란 비둘기처럼 크게 흔들렸습니다. 안돼!

바위가 없어졌고, 구멍으로부터 어둠이 어렴풋이 보였습니다. 마리아가 비명을 질렀습니다. 그러나 저는 어둠에 대해 알고 있었기 때문에 제가 살아서 나올 수 있으리라고 생각했습니다. 떨리는 손으로 마리아의 등불을 들고 저는 안으로 들어갔습니다.

흩어진 수의 이외에는 무덤이 비어 있었습니다.

그들이 그를 죽인 것도 모자라서 이제는 그의 시신을 훔쳐갔습니다.

"빌어먹을 제자들! 그들은 도대체 어디에 있어요?" 그렇게 생각하면들서 바로 시몬 베드로의 집으로 뛰어 갔습니다. 베드로는 반드시 이 상황을 해결할 수 있을 것이라고 생각했습니다. 저는 그가 화를 내리라고 생각하기도 했지만, 그를 믿었고 이 일을 해결할 수 있으리라고 믿었습니다.

그의 집에 도착했을 때 마치 이른 아침의 하늘처럼 집은 어두웠습니다. 앞문을 두드리면서, 크게 소리를 질렀습니다. 아마도 예전과 같이 귀신들린 여자처럼 내가 보였음에 틀림없습니다. 하지만 전혀 개의치 않았습니다.

"문 열어요! 문 열어요!"

문이 삐걱거리면서 열리기 전까지 몇 시간이 흐르는 것 같았습니다. 그리고 문이 열렸을 때, 저는 망연자실했습니다. 베드로는 지칠 대로 지쳐보였습니다. 그의 눈 주위의 깊고 검은 테두리가 창백하고 겁먹은 그를 그대로 표현해 주고 있습니다. 베드로가 겁을 먹었다고? 베드로가 피곤하다고?

베드로는 청년과 같은 에너지를 가지고 있었습니다. 그는 평소에 마치 황소와도 같았습니다. 그는 항상 시끄럽고, 활기차고, 충동적이고, 투박했습니다. 그러나 그 날 아침 베드로에게는 그런 활기가 없었습니다. 마치 쫓기는 사람처럼, 거리를 이리저리 살펴본 후 저를 들어오게 했습니다. 제가 문을 두드릴 때 로마 군인이 왔다고 생각했음에 틀림없었습니다.

"그들이 예수를 무덤에서 훔쳐갔고 그가 어디에 있는지 모르겠습니다!"

"사람들이 내 주를 가져다가 어디에 두었는지 모르겠습니다." (요한복음 20:13b)

그는 로마 병사로부터 도망해서 그의 집으로 왔던 요한과 함께 바로 무덤으로 뛰어 갔습니다. 젊고 빠른 요한이 무덤에 보다 빨리 도착했습니다. 그러나 잠시 후 베드로가 도착했고, 저도 바로 그와 함께 도착했습니다. 참지 못하고 베드로가 요한을 밀쳐냈습니다.

저에게도 그러했듯이, 어둠이 그를 감쌌습니다. 베드로는 작은 공간에서 힘이 빠진 채, 그의 머리를 흔들었습니다. 이번만은 그가 할 말을 잃고, 마음을 제대로 가두지 못하면서 걸어 나왔습니다. 요한과 여자들이 고개를 숙이고 따랐습니다.

저는 어디로 가야할 지 방향을 잡을 수 없었습니다. 무덤의 바위에 기댄 채로, 다음에 무엇을 할지 애써 생각해보려했습니다. 다른 제자들을 따라갈까? 다른 무덤을 들여다볼까? 다른 사람들이 옳았을 수도 있습니다. 아마도 예수에게 영원히 이별을 고하기 위해서 이제 집으로 갈 때가 되었는지 모르지요.

"아니다. 나는 절대 포기하지 않을 거야. 예수를 위해서 해야 할 일이 있을거야. 나는 그를 절대 포기하지 않을 거야."라고 생각하면서, 다시 한번 무덤 속을 응시했습니다. 눈이 서서히 어두움에 적응되면서, 두 명의 천사를 보았는데, 그들은 흰옷을 입고 바위에 앉아 있었고 2미터 정도 떨어져 있었습니다.

그러나 마리아는 무덤 밖에서 울고 있었습니다. 마리아가 울다가 몸을 굽혀 무덤 안을 들여다보니 흰옷을 입은 천사가 예수의 시신이 있던 자리에 앉아 있었는데 한 천사는 머리맡에, 또 다른 천사는 발치에 있었습니다. (요한복음 20:11-12)

"왜 울고 있느냐?"고 한 천사가 물었습니다.

"사람들이 내 주를 가져다가 어디로 옮겼는지 알지 못합니다"라고 대답했습니다.

그리고는 누군가가 뒤에 있는 것을 느꼈습니다.

다시 동산지기인 듯한 누군가가 똑 같은 질문을 했습니다.

"왜 울고 있느냐?"

"여인아, 왜 울고 있느냐?" (요한복음 20:13a)

이 사람들은 저를 고문하려고 작정한 것일까요? 아니면 그냥하는 말일까요? 똑 같은 대답을 몇 번이나 해야 한다는 말인가요?

"이제 그만 해요."

"주여. 그가 어디에 있는지 제게 말만 해 주면 그를 찾으러 가겠습니다."라고 내가 말했습니다. 말만 해주면 저는 그 쓸쓸한 몸에 평화를 가져다 줄 수 있을 것입니다. 알려만 준다면 최소한 저는 이 악몽을 끝낼 수 있을 것입니다.

"마리아."

그 목소리. 저는 그 목소리를 알 수 있었습니다.

"마리아"

이럴 수 있을까? 아니야. 그럴 리가 없어. 나는 비현실적인 것을 너무나 많이 보았습니다. 그리고 너무 많이 실망했습니다.

그러나 그의 눈빛이 그런 의혹을 몰아냈습니다. 그 눈은 멈추지 않을 것 같은 미소를 짓기 시작했습니다.

마리아는 그 사람이 동산지기인 줄 알고, "주여, 당신이 그 분을 옮겨 놓았거든 어디에다 두었는지 말해 주십시오. 그러면 내가 그분을 모셔 가겠습니다." (요한복음 20:15b)

그러자 기억이 났습니다. 사흘 만에 죽음에서 다시 부활할 것이라고 예수가 말씀했습니다. 그리고 그가 여기에 계십니다.

"선생님!" 저는 그를 불렀습니다.

그를 향해서 다가가자, 그가 손을 높이 올리며 말했습니다.

"나를 만지지 마라, 마리아"

만지다? 만지다?

예수의 옆구리를 찌른 병사의 창처럼, 그 말이 제 마음을 찔렀습니다.

나는 그를 꼭 안고서 영원히 떠나게 하고 싶지 않았습니다.

"나는 아직 아버지께 올라가지 못했다. 가서 내 형제들에게 전하라. 내가 나와 너희들의 아버지인 내 하나님과 너희들의 하나님에게 갈 것이라고 가서 나의 형제들에게 전하여라."

그가 마지막 숨을 쉬었던 그 날처럼 시간이 멈춘 듯 했습니다. 그때 하늘이 둘로 나뉘는 것처럼 큰 천둥이 쳤어요. 그곳에서 구름 속에서 들리는 웃음소리를 들을 수 있었고, 수 천 명의 천사들의 기쁨으로 가득찬 하늘을 볼 수 있었습니다.

제 심장이 견딜 수 없이 가득 차올랐습니다. 이제 그가 하신 말씀을 전할 수 있을 것입니다.

막달라 마리아는 제자들에게 가서 주를 보았다는 것과 예수께서 자기에게 하신 말씀을 전해 주었습니다. (요한복음 20:18)

막달라 마리아가 우리에게 주는 교훈

예수는 우리를 깊이 사랑하셔서 삶 속의 비극과 죄로부터 우리를 치유하시기를 원했다. 막달라 마리아는 예수의 어두운 무덤을 향해 최악의 상황을 예상하면서 갔지만, 마지막까지 예수를 보살피기를 원했다. 아마도 예수가 고쳤던 그녀의 병과 이전에 겪었던 고통 때문에 그러한 용기를 얻을 수 있었을 것이다. 예수가 부활한 후 처음으로 마리아에게 나타났을 때, 그녀는 완전한 치유를 경험하게 되었다.

••• 막달라 마리아로부터 무엇을 배울 배울 수 있는가?

- 빈 무덤에 누가 있었는지에 대해 복음에 따라 약간 차이가 있기는 하지만, 그들은 모두 여자들이 부활한 예수를 처음 봤다는 점에는 동의한다. 왜 예수가 그들에게 처음으로 나타나셨을까?
- 막달라 마리아는 예수가 부활 후 그를 처음 보았다. 그러한 행동은 친밀하고 신뢰하는 관계를 보여준다. 하지만 예수는 왜 그녀가 그를 만지지 못하도록 했을까?

✔ 막달라 마리아의 입장이 되어 보라. 예수가 세상을 영원히 바꾼 그 날 무덤에 있었다면 어떠했을까?

막달라 마리아에 대해 좀 더 알고 싶으시면 뒤에 있는 부록 298면을 참조하세요.

인물에 대해 더 살펴보기

라합

라합은 사라와 더불어 신약 성경 히브리서에서 믿음의 영웅 중 한 명으로 소개되는 여인이다. "믿음으로 기생 라합은 정탐꾼들을 평안히 맞아들여 불순종한 사람들과 함께 죽지 않았습니다(히브리서 11:31)."

라합이 그 당시 누구와 결혼을 하였는지에 대해 오늘날까지 학자들 간에 의견이 분분하다. 유대 전통에 따르면 라합은 모세의 후계자인 여호수와의 부인이 되었다고 전해진다. 하지만 마태복음에 나오는 예수 그리스도의 족보를 보면 (마태복음 1:5) 라합은 살몬의 아내라고 소개가 되는데 이 사람이 아마 라합이 숨겨 주었던 정탐꾼의 하나일 확률이 높다. 어찌되었든 간에 라합은 예수님의 조상으로서 족보에 오른 인물이다. 기생이라는 그녀의 직업과 유대교를 믿지 않았던 이방인이라는 신분을 고려할 때 그녀가 예수님의 족보에 오른 것은 매우 특이한 일이라고 할 수 있다.

이중 성벽으로 이루어진 여리고 성 사이에 위치했던 것으로 알려진 라합의 집은 3.5×4.5 평방 미터의 이층집 구조로 되어 있었을 것이다.[3] 그리고 지붕 꼭대기에도 사람이 일을 하거나 살 수 있는 공간이 있었으리라 본다. 이는 더운 지방에 사는 사람들에게 적합한 건축 형태이다. 왜냐하면 그 당시에는 현대인들이 누리는 냉방 시설과 같은 편의 시설이 없었기 때문이다.

유대 성경 학자인 티크바 프리머 켄스티씨는 라합이 취한 행동을 유월절의 사건과 비교하고 있다. 두 사건 모두 붉은 색이 사용되었는데 전자의 경우는 창문에 걸린 밧줄이 붉은 색이었고 후자의 경우 문설주에 발린 양의 피가 붉은 색이었다. 그의 저서를 보면 "눈치 빠른 독자들은 아마 이 두 사건에 공통점이 있다는 것을 벌써 알아차렸을 것이다. 이집트의 모든 장자가 죽임을 당하는 날, 이스라엘 민족은 문설주에 양의 피를 바르고 집 안에 머물러 있으면서 죽음을 면할 수 있었다. 마찬가지로 라합의 가족도 붉은 밧줄이 있는 집 안에 머묾으로써, 이집트에서 이스라엘 백성들이 구속을 받은 것처럼, 여리고에서 구원을 받았다."[4] 라고 두 사건의 유사점을 기술하고 있다.

40년의 광야 생활 후 이스라엘은 강하고 단결된 한 민족으로 새롭게 태어났다. 또 광야 생활 중에 이들은 스스로를 방어하고 또 상대를 공격할 수 있는 전술과 전략을 익혔으리라 본다. 무엇보다 광야 기간은 하나님이 아브라함과 사라에게 주신 약속 - 땅과 자손에 대한 약속 - 의 성취가 무르익어 가는 시간이었다. 여리고는 이스라엘 백성이 약속의 땅에 발을 디디는 첫 관문이었고, 이곳에 거주하던 사람들에게는 전멸이라는 무시무시한 심판이 기다라고 있었는데, 라합은 이러한 역사적인 상황과 흐름을 직시하고 있었던 것으로 보인다.

아이린 노웰의 책 『구약 성경속의 여인들』을 보면 헤렘이라고 부르기도 하는 성전(聖戰)의 전통과 규례가 여리고 성의 함락에 어떻게 적용되었는지에 대해 설명하고 있다. 이 전통과 규례에 따르면 적군은 모두 죽여야 하고, 적의 모든 물건들을 다 파괴해야 한다.[5] 성경은 여리고 성 함락 당시 남녀노소 심지어 동물까지 모두 다 전멸되었다고 기록함으로써 이것이 헤렘 즉 성전이었음을 확증하고 있다.

라합과 관련된 성경 말씀: 여호수와 2:1-22, 6:1-7, 20-25

하와

창세기 3장 1절에 보면 "뱀은 동산에서 가장 교활한 동물"이라고 묘사된다. 역사적으로 사단 마귀는 늘 남자일거라고 생각되어 왔다. 하지만 이들의 정확한 형태나 성별은 아무도 알지 못한다. 한 가지 분명한 것은, 마치 아동 유괴범들이 종종 그렇듯이, 뱀도 매우 믿음직스럽고, 신뢰감을 주며, 또 아주 호감이 가는 모습으로 하와에게 접근을 했을 것이다. 그리고 하나님의 형상을 따라 지음을 받은 하와는 매우 지적인 여인이었을 것임에 틀림없다. 따라서 하와가 하나님이 금하신 선악과를 먹은 것이 우연히 지나가는 뱀의 꼬드김으로 인해 충동적으로 한 행동으로 보기는 힘들다.

하와의 이야기 첫 부분에 소개된 시의 맨 마지막 줄에 나오는 'I AM' (나는 나)는 성경에 나오는 유명한 구절이다. 이것은 여호와 하나님께서 모세에게 이스라엘 백성을 해방시키라는 명령을 내리실 때 하나님 스스로를 가리켰던 표현이다. "'스스로 있는 자(I AM)가 나를 너희에게 보냈다' 라고 그들에게 말하여라"(출애굽기 3:14). 하나님은 자신을 가리켜 '스스로 있는 자' 라고 하심으로써, 역사 속에서 과거와 미래, 시작과 끝, 알파와 오메가 이심을 드러내셨다. 이 시에서 사용된 I AM (나는 나) 라는 표현은 하와가 하나님이 주신 자유 의지를 사용해 선악과를 따 먹음으로써 독립적인 '자아'를 가지게 되었음을 상징한다. 그리고 이때부터 하나님으로부터 분리된 자아를 가진, 원죄를 가진 인간의 역사가 시작되었다. 이로 인해 하와는 선(하나님께 순종) 대신 악(하나님께 불순종)을 선택한 것에 대한 대가를 치르기 시작했고, 인류는 이 원죄로 인해 하나님으로부터 멀어지게 되었다.

하와에 대해 좀 더 쉽게 이해하고 싶다면 요즘의 청소년들을 생각해보라. 그들은 주어진 틀에서 벗어나려고 하고 또 도전하는데 특히 부모가 자녀들의 안전을 위해서 꼭 필요하다고 생각하는 부분에 대해 더욱 그러하다. 하지만 청소년들도 그 시기를 지내고 성장하듯이, 아담과 하와도 그 후에 성장해 나갔다. 미키 레이버는 그의 책 『성경속 여인들의 목소리』에서 하와가 선악과를 따 먹은 행위는 하나님께서 인간에게 자유의지를 주셨음에 대한 증거이며, 이러한 상황에서 하와가 처했던 딜레마는 안전하지만 수동적으로 보이는 순종을 선택할 것인가, 아니면 독립적이지만 위험을 감수한 스스로의 선택을 고집할 것인가에 달려 있었다고 설명하고 있다.[6)]

여기서 한가지 중요한 질문은 왜 하나님이 선악과를 에덴 동산에 세우셨는가 하는 사실이다. 어떤 이들은 선악과를 통해 아담과 하와를 시험하려 하셨다고 하고, 다른 이들은 선악과는 하나님께서 아담과 하와가 성장하여, 스스로 설 수 있는 완전한 인간이 되도록 기회를 주신 것이라고 주장한다. 후자에 대한 증거로 나오미 로젠블랏은 아담과 하와가 육체적으로 하나가 되고 부모가 된 것은 에덴 동산을 떠나고 나서부터라고 주장하고 있다. 창세기를 보면 아담과 하와가 에덴 동산을 떠난 후에 서로를 '알았다' 라고 기록되어 있지만, 동산에 있는 동안 서로 육체적인 연합을 했는지에 대해서는 나와 있지 않다. 따라서 이 부분은 여전히 논쟁의 여지가 있다.

그렇다면 에덴 동산은 정확히 어디에 위치했을까? 이에 대해서도 학자들간에 의견이 분분하다. 성경에 언급된 에덴에서 발원한 4대강(비손, 기혼, 티그리스, 유프라테스) 중 두 강은 더 이상 존재하지 않는다. 에덴의 위치와 관련해서 지난 백 년간 터키 동부가 가장 유력한 곳으로 주목을 받아왔다. 하지만 최근에 나오는 학설에 따르면 에덴 동산의 실제 위치는 현재 페르시아만 지역이었을 것이라는 주장이 지지를 얻고 있다.[7)]

하와와 관련된 성경 말씀: 창세기 3:1-4:16

사라

사라가 살았던 시대에는 사랑이 결혼의 필수조건도 아니었고, 사랑 때문에 결혼을 하는 일도 드물었다. 대부분의 결혼은 경제적인 그리고 문화적인 이유로 이루어졌고 남자들, 특히 부유층의 남자들은 한 명 이상의 부인을 두는 것이 보편적이었던 시대이다. 이러한 점에서 볼 때 아브라함과 사라의 이야기는 시대를 초월한 위대한 사랑이야기이며, 동시에 오늘날 많은 부부가 당면하고 있는 여러 가지 문제들(불륜, 권력 다툼, 불임)과 그러한 갈등 속에서도 가정을 지키고자 하는 노력이 유사하게 담겨있는 이야기이다.

고대 이스라엘 시대에 불임이란 비극이자 저주였다. 자식이 없다는 것은 후대에 남길 것이 없다는 뜻이었으며, 따라서 자신이 없는 사람들의 인생은 그저 잠시 있다가 사라지는 무의미한 것으로 여겨졌다. 하갈과 아브라함의 육체적 연합을 계획한 사라의 행동은 오늘날 이상하고 불쾌하게 받아들여질 수 있지만, 이는 여러 가지 관점에서 이해되어야 한다. 먼저 사라는 임신을 아주 오랫동안 기다려왔다는 사실이다. 따라서 사라는 이러한 결정이 하나님의 약속이 이루어지는 것을 돕는 길이라고 생각했을 수 있다. 그렇다고 사라가 스스로 아들을 낳을 것이라는 소망을 포기한 것은 아니었다.

아브라함은 사라의 계획대로 하갈과 동침했는데, 그 이유는 대리모를 통해 얻은 자녀는 그와 사라의 자녀로 간주되었기 때문이다(이러한 관습은 기원전 18세기 함무라비 법전에 그 기원을 두고 있다.)[8] 이를 통해 "하늘의 별만큼 많은 자녀를 준다"는 하나님의 약속을 이루려고 한 것이었다.

하갈은 사라의 여종이었기 때문에, 사라가 결정을 한 이상 하갈에게는 아브라함과 동침을 할 것인가 아닌가에 대한 결정권이 없었다. 성경에 보면, “사라가 하갈을 자기 남편 아브라함에게 아내로 주었다” (창세기 16:3) 라고만 기록되어 있다. 하지만 하갈의 생각은 어떠했을까? 물론 정확히 알 수는 없지만, 이러한 상황에서 하갈은 아마도 아브라함의 아이를 낳기를 매우 원했을 것이라 본다. 왜냐하면 결혼의 유무를 떠나 아브라함의 상속자를 낳는다는 것은 그녀에게도 사회적 신분의 상승을 의미했기 때문이다.

사라와 아브라함과 마찬가지로 하갈도 하나님께 구원을 받았다. 비록 그녀는 많은 고통을 겪었지만, 하나님은 하갈과 이스마엘을 보호해 주셔서 그들을 안전한 곳으로 인도해 주셨다. 그 후 이스마엘은 이슬람교의 창시자가 되었다고 알려진다. 성경에 관련된 참고 문헌들을 보면 아브라함이 이스마엘을 방문했다는 기록이 있다. 코란에서도 아버지와 아들의 지속적인 유대관계에 대해 언급하고 있다. 또한 성경학자인 아이린 노웰은 하갈이 성경에 나온 여인들 중 유일하게 하나님께 이름을 붙인 사람 (“주는 나를 보시는 하나님” (창세기 16:13))이라고 언급하고 있다.[9]

하나님께서는 천사를 통해 하갈과 깊고 역동적인 대화를 하셨다. 유대 랍비인 요셉 텔루쉬킨은 그의 책 『성서 문학: 유대 성경에 나오는 가장 중요한 인물, 사건 그리고 사상』에서 하나님의 사자가 말을 걸었던 첫 여인인 하갈은 당시 문화상으로 볼 때 비천한 신분을 가진 비유대인이요, 후에 다른 종교의 창시자의 어머니가 될 사람이었다는 사실에 주목하고 있다.[10]

하갈과의 동침을 통한 아브라함의 불륜은, 비록 그것이 사라의 계획으로 이루어진 일이라 할지라도, 사라에게 큰 마음의 고통을 가져다 주었다. 하지만 사라 역시 그들이 광야 길을 여행할 때 혼외 관계를 가졌을 지도 모른다. 여행 중 사라는 아브라함의 제안으로 그 지역에 있는 왕의 여인들이 거하는 곳으로 옮겨졌었다. (창세기 20:2) 이러한 행동은 광야 길을 여행하면서 목숨을 보전하기 위해 계획된 것이었다. 왕과 사라가 동침을 했는지 아닌지는 분명하지 않다. 하지만 아브라함은 사라를 누이라 칭하며 왕에게 보내었다.(물론 이것은 원칙적으로 거짓은 아니었다. 왜냐하면 그 당시 대가족 체제에서 아버지는 같지만 어머니가 다른 남매들이 많았기 때문이다.)

사라와 아브라함의 여정은 중요한 의미를 갖는다. 왜냐하면 이것은 유대 기독교 전통의 시작을 알리는 일이었고, 또한 하나님이 약속하신 땅을 찾아가는 과정을 상징하기 때문이다. 약속의 땅은 물론 현재의 이스라엘을 가리키는데, 이 곳은 에덴 동산에 이어 하나님께서 사람에게 손수 선택해서 주신 두 번째 땅이다.

아브라함은 약속의 땅을 찾아 가는 여정 가운데 인생의 대부분을 보냈지만, 막상 그 땅에 들어가 살지는 못했다. 단지 그는 사라가 127세에 세상을 떠났을 때 그녀를 묻기 위해 그 땅의 한 부분을 샀을 뿐이다. (마므레 부근의 막벨라 동굴, 창세기 23:19 참조) 후에 아브라함이 175세의 나이에 세상을 떠나자, 이삭과 이스마엘은 아브라함을 사라가 묻힌 이곳에 함께 장사하였다(창세기 25:9). 그 이후에도 여러 세대가 이곳에 묻혔다.

성경을 보면 하나님께서 아브라함과 사라의 이름을, 새롭게 고쳐 주셨는데 이는 그들의 변화된 정체성을 선언하는 것이었다. 이와 같이 하나님께 자신의 인생을 새롭게 서약하는 사람들에게 하나님이 새 이름을 주시는 것을 성경의 여러 군데에서 볼 수 있다.(예: 야곱에서 이스라엘, 사울에서 바울)

사라와 관련된 성경 말씀: 창세기 12:1-20, 15:1-6, 16:1-6, 17:15-21, 18:1-15, 20:1-21:10, 23:1-2

하갈과 관련된 성경 말씀: 창세기 16:7-16, 21:7-20

드보라

드보라의 이야기는 사사기에 기록되어 있는데, 사사기는 이스라엘 백성이 가나안 땅에 정착한 이후, 초기 325년간 겪은 여러 가지 고통과 환란의 역사를 담은 책이다. 드보라의 사명은 그 당시의 다른 리더들과 마찬가지로 이스라엘 백성을 핍박에서 해방시키고 하나님과 다시 온전한 연합을 이루도록 돕는 것이었다. 사사기를 읽다 보면 다볼산 전투에서 가나안 군사를 전멸 하는 것과 같은 잔학성에 때로 놀라거나 분노를 느낄 수도 있다. 여리고 성을 함락했을 때도 라합과 그 가족을 제외하고는 이방인 모두가 목숨을 잃었다.

성경에 기록된 이러한 잔혹성을 어떻게 이해해야 하는가? 사사기를 보면 하나님은 계속해서 사사들을 세우셔서 적을 무찌르고 그들의 모든 소유를 파괴하는 것을 기뻐하시는 것 처럼 보인다. 구약의 하나님과 신약의 하나님은 과연 동일하신 분인가? 정통 기독교 신학에 따르면 하나님은 언제나 동일하신 분이다. 이 모든 의문 가운데 한가지 분명한 사실은 하나님은 모든 상황을 협력하여 선을 이루어 내신다는 것과 늘 억압 받는 자의 편에 서신다는 것이다. 사사기는 하나님이 수 세기 동안 떠돌이 생활을 하던 연약한 이스라엘 민족을 어떻게 끝까지 지켜주셨는가에 대한 서사적인 기록이다.

선지자와 사사로서 드보라는 역사적으로 매우 독특한 위치를 차지한다. 유대교 랍비였던 요셉 텔루쉬킨은 드보라가 마치 성경 속에 나오는 잔다르크[11] (약 2천년 후에 프랑스에서 살았던 여전사로서 나중에는 화형을 당함)와 같은 존재라고 언급한다. 하지만, 잔다르크와 달리, 드보라는 다볼산 전투를 승리로 이끌며 이스라엘 백성에게 평화를 가져왔으며, 그 후 약 40년 동안 평화롭게 살았다.

드보라의 이야기에 나오는 인물들의 이름의 뜻을 살펴보면, '바락'은 히브리어로 '번갯불' 이라는 뜻이고, 드보라는 '불꽃의 여인'이란 뜻을 갖는다. 참으로 폭발적인 힘을 상징한다고 할 수 있다.

성경에 나타난 야엘의 시스라 암살 사건은 아마 성경을 읽는 사람을 놀라게 할 것이다. 그리고 분명히 이 내용은 성경 공부시간에 흔히 다루어지지도 않을 것이다. 성경에는 살인을 저지른 다른 여인들의 이야기가 있지만 야엘의 경우 그 방법이 매우 잔인했다. 하지만 시스라의 죽음은 당시가 전쟁 중이였다는 사실과 또 시스라는 이스라엘을 괴롭히는 가장 강력하고 잔인한 압제자였다는 당시의 특수한 상황 속에서 이해가 되어야 한다. 그래서 사사기 5장에 보면 "야엘은 여인들 가운데 가장 복받은 사람" 이라고 그녀를 칭송하는 내용이 나타난다.(사사기 5:24)

어떻게 야엘이 시스라와 이와 같은 운명적인 만남을 가질 수 있었을까? 텐트를 치는 것은 당시에는 여인들의 일이었으므로 야엘이 말뚝을 구하는 것은 쉬운 일이었을 것이다. 또 남자들이 여인의 천막에 들어가는 것이 금지되었기 때문에, 아무도 시스라가 야엘의 장막에 있으리라고는 상상조차 하지 못했을 것이다. 야엘의 남편 헤벨은 겐 사람이었는데 겐 사람들은 대장장이로 종종 떠돌아다니며 살았다. 전쟁이 시작되기 전에 헤벨이 자신의 친족을 떠나 새로운 곳에 장막을 친 것을 보면 (사사기 4:11) 그가 가나안 사람들 주변에 가까이 거하면서 그들의 마차나 다른 장비가 고장이 나면 수리를 해 주려고 했던 것으로 보인다.[12] 어찌되었든 간에, 이로 인해 야엘은 전쟁터 가까이 거할 수 있었다.

드보라가 이 책에 나오는 다른 여인들과 공통점이 있다면 그녀 역시 자신이 처한 상황에 대해 주도적으로 대처하였다는 점이다. 특히 야엘의 경우에는 자신의 손으로 직접 일을 해결하였다. 또 드보라는 다른 이들과 서로 협력하여 하나님의 계획과 일을 성취하였다. 어떤 일을 성취하는데 있어서 혼자보다는 둘이 낫기에, 하나님은 우리가 일을 해 나가는 과정 가운데 종종 파트너 혹은 조력자를 보내주신다.

성경에서 물은 매우 중요한 역할을 하며 때로 자유를 상징하기도 한다. 다볼산 전투에서 하나님은 기손강에 물이 불어나게 하심으로 자신감이 가득했던 가나안 군사들이 혼비백산이 되게 하셨고 결국 이들은 패배를 하게 되었다. 이와 같이 성경에서는 물이 중요한 역할을 하는 경우를 종종 볼 수 있다. 라합의 경우도 그녀의 새 가족이 된 유대 민족과 함께 요단강을 건넜을 것이고, 잔인한 바로왕의 살육의 칼을 피해 어린 모세도 나일강에 띄워져 생명을 건질 수 있었다. 현대 기독교인들에게는 이러한 자유와 새 생명의 표시가 세례 혹은 침례를 통해 행해지고 있다.

드보라와 관련된 성경 말씀: 사사기 4:1-16 드보라의 노래: 사사기 5:1-31
야엘의 이야기: 사사기 4:17-23, 5:24-27

한나

그토록 오랜 기간 동안에 임신을 하지 못했던 한나가 마침내 임신을 했다는 사실을 알았을 때 그녀가 얼마나 기뻤을 지 상상해 보라. 그리고 어린 사무엘을 성전에 두고 돌아와야 했을 때 얼마만큼의 용기가 필요했을지 생각해 보라. 성년이 다 된 자녀도 자유롭게 놓아주기 힘든데, 이제 막 걸음마를 하게 된 어린 아이를 포기한다는 것은 훨씬 더 어렵고 힘든 일이었음에 틀림없다. 한나의 희생은 아브라함의 그것과 유사한다. 왜냐하면 이 두 경우 모두 자신의 목숨보다 더 사랑하는 아들을 하나님께 바쳐야 했기 때문이다. 아브라함은 하나님께서 자신의 아들 이삭을 희생제물로 바치라고 하셨을 때, 이에 순종하였고, 한나는 서원을 지키기 위해 사무엘을 성전에서 자라나게 하였다. 이 두 사람의 공통점은 이들 둘 다 하나님의 말씀에 순종하는 것을 삶의 우선 순위로 두었다는 것이다.

성경에는 많은 어머니와 아들의 관계가 나타난다. (모세와 그의 어머니, 사라와 이삭, 세례 요한과 엘리자벳, 예수님과 마리아) 하지만 한나의 경우는 간절한 간구와 서원을 통해 아들을 얻은 유일한 인물이다.

또 한나는 개인적인 간구를 하기 위하여 성소에 들어간 성경 속의 첫 인물이다. 현대의 신자들에게는 성소에 들어가 하나님께 원하는 바를 직접 간구하는 것이 조금도 이상할 것이 없어 보이지만, 한나가 살던 당시에는, 성전에 가는 것은 죄를 대속할 희생 제물을 바치기 위한 것과 대중 예배를 드리기 위한 것 두가지 목적 때문이었다. 한나는 자신의 괴로움을 하나님께 토로함으로써 그러한 관습을 깨드렸고 하나님은 이러한 그녀를 넘치도록 축복해 주셨다.

한나가 기도했고 사무엘이 자라난 실로의 성전은 당시 여호와의 언약궤가 있던 곳이었다. 이 언약궤를 하나님의 임재라고 굳게 믿은 유대인들은 전쟁 때나 태평한 때나 어디를 가든 늘 이 언약궤를 함께 가지고 다니다가, 후에 솔로몬의 성전이 완성된 뒤에야 그곳에 안치해 두었다. 비록 지금은 그 언약궤의 종적을 알 수 없지만, 이 언약궤 안에는 십계명이 적힌 두 개의 돌 판과 만나가 담긴 금 항아리, 그리고 아론의 지팡이가 들어있다고 기록되어 있다.

한나가 엘리에게 사무엘을 데리고 왔을 때, 적어도 그녀는 외적으로는 슬픔에 가득 차 있는 것처럼 보이지 않았을 것으로 보인다. 오히려 그 때 그녀는 지금 한나의 노래라고 알려진 기도를 했는데 (사무엘상 2:1-10) 이 기도에는 하나님이 연약하고 압제 당하는 자를 그들을 괴롭히는 자 보다 더 높이 세우신다는 선포로 가득 차 있다. 이 노래는 마리아가 예수 그리스도를 나을 것이라는 소식을 접했을 때 그녀의 입에서 터져 나온 찬양시의 전조가 되었다. (누가복음 1:46-55)

성경학자인 리처드 버크햄은 이 두 여인의 기도가 단지 아들을 주심에 대한 감사뿐 아니라, 수 세기 동안 계속된 압제로부터 이스라엘을 구원하시는 하나님의 강한 손길에 대한 찬양이라고 말하며 다음과 같이 기술하고 있다. "마리아의 경우도 그렇지만, 한나의 기도를 보면, 그녀는 어머니가 됨으로써, 아들을 통해 구원을 경험할 수 있었다. 이 구원은 높은 자와 낮은 자의 자리를 뒤바꾸어 놓는 구원이다. 아이를 낳지 못하는 수치심을 가진 한나는 압제 받는 이스라엘을 상징하고 있었고 아들을 낳음으로써 이러한 고통과 수치에서 해방이 된 것이다."[13]

사무엘의 존재가 이스라엘에게 왜 그리 중요한가? 사무엘이 태어나기 전까지 모세와 여호수와 시대 이후로 약 200년간 이스라엘에는 열 두 지파들을 하나로 통합할 만한 중심적인 인물이 없었다. 그리고 계속되는 억압과 착취에 시달리면서 유대인들은 40년 광야 생활을 통해 쌓아왔던 유대민족의 힘과 단결력을 모두 잃어버리게 되었다. 제사장이자, 선지자요 또 사사로서 사무엘은 이스라엘의 열 두 지파가 영적으로 재통합을 이룰 수 있도록 하였고, 이스라엘의 두 초대 왕인 사울과 다윗을 왕으로 세움으로써 왕정 시대를 여는 기초를 다지는 일을 하였다.

한나와 관련된 성경말씀: 사무엘상 1:1-28, 2:18-21
한나의 기도: 사무엘상 2:1-10

룻

룻의 이야기는 믿음, 연약함, 명예 그리고 로맨스가 담긴 이야기이다. 이 이야기는 하나님의 기적의 돌파구가 개인적 그리고 민족적 차원에서 얼마나 강한지를 보여준다. 룻은 유대인들이 유달리 싫어했던 모압인이었고, 남편과 시아주버니 그리고 시아버지를 모두 한꺼번에 잃어버린 비운의 여인이었다. 룻이 온갖 고통을 인내하며 자신의 남편의 가족 특히 시어머니인 나오미에게 충성을 다함으로써 앞으로 다가 올 매우 중요한 역사적 사건 두 가지가 이루어 지는데 공헌을 할 수 있었다. 그 하나는 다윗 왕의 출생이고 또 하나는 바로 하나님의 아들이신 예수 그리스도의 탄생이다.

헤세드 (Hesed)란 단어는 히브리어로 은혜 혹은 희생적인 친절을 가리키는 말로서, 하나님이 그의 백성을 향한 언약의 기초가 된다. 룻의 이야기 속에는 이러한 은혜를 베푸는 사람들이 많이 등장한다. 먼저 나오미의 경우 며느리인 룻과 오르바에게 최선의 삶을 원했기때문에 그들로 하여금 고향과 가족의 품으로 돌아가도록 명했다. 룻은 나오미와 동행하기 위하여 자신의 고향과 친척 그리고 안락한 삶을 희생하였다. 그리고 보아스는 나오미를 향한 룻의 효심을 듣고는 룻에게 특별한 친절을 베풀었다. 결과적으로 하나님은 이들 모두를 풍성히 축복해 주셨다.

오늘날과 같이 교통과 통신이 발달하고 또 비교적 안전하게 장거리 여행을 할 수 있는 시대에는 나오미와 룻의 여행이 대수롭지 않게 여겨질 수도 있다. 하지만 다시 한 번 생각해 보라. 룻이 베들레헴을 향한 여정을 시작했을 때, 이것은 그녀의 가족과의 완전한 이별을 의미하는 것이었다. 또 베들레헴으로의 귀향길은 나오미와 룻 둘 모두에게 익숙하지 않은 모험의 여정이었고, 따라서 매우 위험한 일이 일어날 수도 있는 상황이었다. 비록 모압에서 베들레헴까지 60 킬로 정도 밖에 떨어져 있지 않았지만, 그 당시에는 가는 길에 도적이나 치한을 만난다 해도 보호를 받거나 신고를 할 경찰도 없고, 전화나 컴퓨터, 우편이나 팩스도 없고 긴급 상황에 피할 수 있는 대피소나 음식물 배급소도 전무한 상태였다는 걸 감안해야 한다. 그들은 아논강과 요단강을 건넜고 가파른 산을 올랐으며 깊은 골짜기를 걸어 내려가야 했다. 한 마디로 이 두 여인의 여행은 여러모로 매우 위태롭고 어려운 일이었다.

예수님의 족보를 보면 유전적으로나 문화적으로 매우 다양한 사람들이 섞여 있는데 여기에 모압 여인 룻도 포함 되어있다. 성경에서 보면 모압인은 아브라함의 조카 롯과 그의 큰 딸이 근친상간적 성적관계를 통해 얻은 자녀로부터 시작된다. 이러한 이유로 유대인들은 모압인들이 매우 도덕적으로 타락한 민족이라는 편견을 가지고 있었고, 이로 인해 모압인들과 유대인은 결혼은 물론 이들과 화친을 맺는 것조차 금지하였다. (신명기 23:4-7, 느헤미야 13: 1-3, 23-25)[14] 그래서 이 두 민족 사이에는 늘 분노와 불신이 존재해 왔다. 그 한 예로 모압인들은 이스라엘 민족이 40년 광야를 헤매며 사막을 통과하는 동안 물과 양식을 제공하기를 거부했다. 이러한 역사적 배경을 살펴볼 때 룻이 예수님의 족보에 올랐다는 사실은 예수님의 출생과 삶이 상징하는 역사적, 문화적, 그리고 민족적 포용성을 잘 드러내고 있다.

룻과 보아스가 타작마당에서 동침을 했을까? 성경은 이 점에 대해 확실히 언급하고 있지는 않다. 지난 수 세기 동안 이 부분에 대하여 여러 가지 의견이 분분해 왔지만 저자인 나의 경우 많은 숙고와 연구 끝에 이 둘이 타작마당에서 동침하지 않았을 것이라 결론을 짓게 되었다. 룻은 문자 그대로 보아스의 발치에 누웠고, 보아스는 마치 요셉이 예수를 잉태한 마리아를 보호하고 지킨 것처럼 룻을 지켜주었을 것으로 보인다. 보아스의 성품으로 보아 그가 룻의 명예를 훼손하지 않았을 것으로 보인다.

한 사람의 성품은 종종 그들의 후손에게도 영향을 미친다. 다윗 왕의 경우도 그의 음악적, 시적 재능을 룻의 노래하듯 유창한 말솜씨에서, 적군 앞에서도 도망치지 않는 담대함을 나오미의 흔들리지 않는 결단력에서 그리고 백성을 향한 절대적 보호와 사랑을 보아즈의 희생적인 사랑에게서 이어 받았을 것임에 틀림없다.

룻과 나오미의 이야기에 연관된 성경 구절: 룻기 전체

룻의 간청: 룻기 1:15-17

아가서

성경 중 가장 아련하고 아름다운 글 중 하나인 아가서는 읽고 음미하는 사람에게는 선물과도 같다. 단순한 말이나 그리움보다 이 시는 더 마음 깊이 와 닿고, 한 여성의 사랑하는 남자에 대한 간절하고 열정적인 추구를 드러낸다. 그에게 가기 위한 열망으로 쉬지 않았을 것이었고, 실제로 그를 찾기 위해서 예루살렘으로 가는 위험한 여행을 떠났다. 그리고 그것이 성경에 포함된 중요한 이유이다. 사랑, 욕망은 부끄럽게 숨겨진 것이 아니라, 상호성과 사랑하는 관계라는 측면에서 축복해야 한다. 이 부분이 포함되지 않았다면 성경은 그 의미가 보다 약해졌을 수도 있다.

결혼상대가 대부분 미리 내정되어 있었고, 일부다처제가 일반적이었던 시대에, 이 서사적 시는 주류 밖에 서 있던 여자들에 대해 말하고 있다. 자식이나 안전이 그녀의 목적이 아니었다. 사랑이 목적이었다. 재미있게도, 그녀는 분명히 아주 젊은 여성은 아니었다. "나는 젊지는 않지만, 여전히 우아하다."

술람미 여인(몇몇 학자들은 이 이름이 그녀의 고향이라고 하고, 어떤 이는 그녀의 이름이라고 한다)과 그녀의 연인과의 정확한 관계는 무엇일까? 그리고 그가 언급한 "왕의 애인"은 누구인가? 몇몇 가능성이 존재한다: 1) 그녀가 솔로몬의 700명의 부인 중 한 명으로 약혼하였고, 아가서에서 그들의 교제와 1주일에 걸친 결혼 축하연을 묘사하고 있다; 2) 그녀는 북쪽 지방의 양치기와 약혼했으나, 솔로몬 왕의 부인 중 한 명으로 궁전에 온 후 그녀가 사랑하는 사람을 끊임없이 찾고 있다; 3) 이 책은 사랑과 열망에 관한 여러 얘기들을 혼합한 것이다. 이 글의 작가는 왕에게 어울리는 가장 아름다운 여인을 찾는 솔로몬왕의 사자에 의해서 이 여인이 선택되어 예루살렘에 강제로 왔지만, 그녀는 진실한 사랑에게로 돌아가려고 한다. "솔로몬의 구애와 술람미 여인의 거절이 이 시의 주요 내용이다."라고 딘[15]은 말한다. 아마도 그녀가 솔로몬의 하렘에 들어가려고 하지 않았을 때 그녀를 때린 사람은 왕의 파숫꾼이었다.

(아가서 5:7)

이 글의 저자는 누구이고, 성경의 이 부분에서는 왜 하나님에 대한 언급이 없는 것일까? 공식적으로는 솔로몬이 쓴 것으로 추정되지만, 이 시를 쓸 때 여성이 개입되었음에 틀림없다. 아마도 여기에 몇 세기 동안 내려오는 몇몇 시들이 포함되어 있었을 것이다. 성경에 그것을 포함시킨 것은 혼인식을 축복하기 위함도 있고, 그리스도인들과 유대인들이 하나님이 자신의 백성들을 향한 열정적인 사랑과 그들의 하나님에 대한 깊은 열망을 반영하기 위해서이기도 하다. 몇몇 그리스도인들은 예수가 교회를 사랑하는 열정적 사랑을 우화적으로 보여주기 위해서라고 이해하기도 한다.

정확한 의미가 무엇이든간에, 사랑을 육체적, 감정적, 영적인 모든 단계에서 표현하는 한편, 아가서는 인간의 마음과 육체를 축복하기 위해 지어졌다. "이 시는 인간의 섹슈얼리티에 대한 통합적이면서도 긍정적인 측면을 하나님의 선물로 여긴 예이고... 아가서는 성경에서 섹슈얼리티에 대해 가장 감각적으로 다루고 있는 글이다."[16]라고 로젠브랏은 평가한다.

시바의 여왕은 성경과 문학 속에서 모두 신비롭고 강력한 인물로 남아있다. 흔히 알려진 이야기로는 여왕은 솔로몬의 아들을 임신했고, 그를 멜리넥 1세라고 이름지었다고 한다. 몇년 후 멜리넥은 예루살렘에서 십계명을 새긴 원래의 석판인 소중한 계명을 새긴 궤를 훔쳤고, 에티오피아 악숨에 있는 신전에 그 궤를 가져와서 에티오피아를 세운 유대인 장로들과 함께 지냈다고 한다. 몇몇 사람들은 그 궤가 여전히 삼엄한 경비에 둘러싸여서 에티오피아에 있다고 주장한다. 하지만 아직까지 그 부분은 신비로 남아있다.

마리아

마리아는 요셉이라는 목수와 결혼하기로 한 갈릴리에서 온 소녀였다. 그녀는 다윗 왕의 직계 후손이었다. 그녀에게는 하나님의 아들을 임신할 기회가 주어졌고, 그녀의 결정은 세상을 바꾸었다. 요셉과 결혼하고, 예수를 낳은 후에도 다른 아이들을 임신했고, 잃었던 12살의 예수를 예루살렘에서 찾아내고, 그가 일하는 것을 보았고 군중 앞에서 설교하는 모습을 최소한 한 번 이상 보게 되었고, 그 후 십자가에 못박힌 발 아래에 서서 그가 죽어가는 모습을 보았다. 그녀의 그에 대한 사랑은 결코 흔들리지 않았다. 많은 면에서 그녀는 예수의 첫 제자였다.

마리아가 예수의 탄생에 '예'라고 답하지 않았다면, 어떻게 되었을까? 하나님의 아들이 태어날 수 있었을까? 하나님은 다른 사람을 선택했을까? 하나님이 이전에도 이런 질문을 한 적이 있었을까? 그의 어머니가 마리아가 아니었다면 예수는 그와 같지 않았을 것이고, 그녀가 하나님의 제안을 연기하였거나 거절하였다면 하나님은 다른 방도를 찾았을지도 모른다. 하나님은 인간의 실패 때문에 단념하거나 제지하시는 분은 아니다. 바울이 로마서 8장 28절에서 다음과 같이 쓰고 있다. "우리는 하나님을 사랑하는 사람들, 곧 그분의 뜻에 따라 부르심을 받은 사람들에게는 모든 것이 협력하여 선을 이루는 줄을 압니다."

마리아가 '예'라고 답할 것을 하나님은 알고 계셨을까? 하나님은 미래를 이미 아시지만, 자유의지라는 관점에서 선택권은 마리아에게 있었고, 그녀는 자유롭게 '아니요'라고 답할 수도 '예'라고 답할 수도 있었다. 하나님이 그 대답을 미리 알았는가에 대한 의문에 대해서는 이러한 점을 고려해 볼 수 있다. 만약 자유의지가 진정으로 자유라면 하나님은 아마도 그 대답을 알 수 없었을 것이다(최소한 수직적인 시간에서는). 그러나 하나님은 인간의 시간이라는 영역을 초월하신 분이고, 그렇다면 그 대답은

'예'였을 것이다. 진실을 말하자면, 하나님은 마리아의 자율성을 존중하셨던 것이다.

마리아와 가브리엘 사이 대화에 어떠한 각주도 없다. 가브리엘은 그녀가 결정하기 어렵다면 협상을 위해 되돌아 올 것이라고 말하지 않았다. 기다리는 시간도 없었고, "기회가 생기면 다시 연락하라"는 말도 없었다. 그것이 하나님이 일하는 방식이다. 왕의 신하들이 그녀에게 왔을 때 라합은 그 자리에서 결정을 내려야 했다. 바락이 드보라에게 전쟁터에 동행하자고 했을 때 전쟁이 곧 일어날 시기였다. 나오미는 룻과 함께든 아니든 베들레헴으로 떠나려고 했다. 이 책의 여인들이 직면했던 선택의 순간처럼, 그리스도인들이 그 자리에서 결정하도록 선택의 기회가 온다.

재미있는 비교: 1000여 년 전에 룻이 시어머니를 따라서 모압에서 베들레헴으로 와서, 굶주림과 슬픔 때문에 육체적으로 힘들었다. 그녀는 마리아가 요셉에게 의지했던 것처럼, 보아스에게 보호를 받았다. 삼 세대 이후에 이곳에서 이스라엘의 가장 강력한 왕인 다윗이 태어나게 된다. 여러 세대 동안 그 작고 성스러운 마을에서, 하나님의 계획이 모두 펼쳐지게 된다. 별들이 밝게 하늘에서 빛난 것이 놀라운 일이 아니다.

마리아에 관련된 성경 말씀: 누가복음 1:26-45, 2:1-21, 33-51; 누가복음 19:25b-27
성모 마리아 송가: 누가복음 1:46-56

우물가의 여인

여러 세기 동안 이 이야기는 독자들을 사로잡았고, 이 대화는 기록되어 있는 대화 중 예수가 남녀를 불문하고 누군가와 나눈 가장 긴 대화다. 역설적이게도 이 여인의 이름은 알려져 있지 않다.

예수가 이 여인과 대화를 나눈 것이 왜 의미 있을까? 예수가 살던 시대, 특히 랍비라고 여겨졌던 예수는 남자와 여자를 크게 구분하여 대하지 않았다. 바클레이가 지적하는 바와 같이, "랍비는 공적인 장소에서 자신의 부인이나 딸, 여동생에게도 대화를 할 수 없었다. 길에서 여자를 보면 눈을 감은 채 벽이나 집으로 걷다가 부딪쳐 '멍들거나 피 흘리는 바리새인'이라고 불렸던 바리새인들도 있었다. 사람들 앞에서 여자와 말하는 것은 그 사람의 명성에 치명적인 해가 되기 때문이었다. 그런데 예수는 나쁜 평판을 받는 이 여성과 말을 했던 것이다."[17)]

여러 명의 남편들과 지금의 동거인 때문에 자신의 공동체에서 배척받고 있는 이 이름 모를 여인과 예수의 만남을 상상해보라. 오랜 동안 그녀는 죄지은 여인으로 여겨져 왔는데, 그 이유는 다섯번이나 결혼했기 때문이었다. 그녀에게 무슨 문제가 있었던 걸까? 다시 한 번 생각해 보자. 칼라스는 1세기 경에는 남편은 많은 이유로 이혼할 수 있었다고 한다. 예를 들어, 부인이 음식을 쏟거나, 남편의 가족에 대해 무례한 말을 하거나 또는 다른 큰 이유가 있을 때, 그리고 대부분 부인이 임신하지 못할 때 이혼하는 경우가 많았다.[18)]

이 여인이 의미있는 이유는 무엇일까? 예수가 문화적인 벽을 허물고 그녀에게 가까이 얘기했다는 점이 높이 평가되기도 한다. 하지만 그녀 자신의 가치에 대해서 어떻게 생각할 수 있을까? 그녀는 총명하고, 명확하고, 지적인 호기심이 많았다. 만약 그녀가 21세기에 살았다면, 그녀는 지식과 진실을 열심히 탐구하는 학자나 법률가가 되었을 것이다.

남편이 아니지만 그녀와 함께 살고 있는 남자는 어떠한가? 그 관계가 그녀의 도덕성에 해가 되는가? 결혼하지 않은 여성에게 주어진 선택권이 구걸이나 매춘밖에 없었던 상황에서 칼라스는 그렇게 믿지 않았다. "결혼하지 않은 채 남자와 사는 것은 거리의 여자가 되는 것보다는 나았다... 한 남자가 그녀와 함께 있다면 그녀는 삶을 포기하거나 매춘을 하지 않아도 되었다. 그녀는 다시 시도했고, 또 시도했다... 사마리아의 이 여인에게

는 집요한 면이 있었다.[19]

그러나 소외받는 사람들과 소통하는 예수의 또 다른 예들(문둥병 환자, 세리들, 범죄자들 등)은 하나님의 왕국에 누가 들어갈 수 있는가와, 하나님의 복음을 누가 전하도록 선택받았는가, 내지 누가 복음을 전할 수 있는가에 대한 고정관념을 깨뜨린다. 이번에는 평판이 좋지 않은 경멸당하는 여인과의 교제를 통해서, 다시 그 고정관념을 무너뜨렸다. 캄은 "하나님의 왕국이 세상으로 올 때, 가장 경멸받는 사람이 환영받고, 형편없는 개인의 삶이 이 복음의 전파에 아무런 장애가 되지 않는다."[20]고 말한다.

서로 충돌하려는 지각의 표층처럼, 21세기 세계는 종교적 갈등이 심각하지만, 그런 어려움 때문에 미국 사회에서는 대부분 종교적 차이를 공개적으로 논의하지는 않았다. 예수와 이름 없는 여인 사이의 이 단순한 대화는 종교적 대화가 어떻게 이루어 질 수 있는가에 대한 모델을 제시한다, 즉 영성, 역사적인 맥락과 진리에 대해 솔직하고, 공개적이고 온전히 집중하는 대화 등으로 종교적 대화가 이루어질 수 있다.

유대인과 사마리아인들과의 적대감은 북이스라엘이 사마리아에 있는 수도와 함께 앗시리아에게 패배한 기원전 720년까지 거슬러 올라간다. 많은 유대인들이 포로로 잡혀갔고, 외국인들이 그 땅에 와서 정착했다. 그 이후에 유대인과 외국인 사이에 많은 결혼이 이루어지게 되었다. 하나님이 유대인끼리 결혼하기를 원한다고 생각했기 때문에, 사마리아인이라고 불리는 이 혼혈인에 대해서 예수 시대의 유대인들이 수치스럽게 여겼다. 그래서 그들 사이에 쓰라린 적대감이 야기되었던 것이다.

우물가의 여인에 관련된 성경 말씀: 요한복음 4:4-29

마르다

나사로가 심하게 아프다는 소식을 듣고 베다니로 출발하기 이전에, 예수가 이틀 동안 지체한 이유는 무엇인가? 나사로가 죽었다는 소식을 듣고서, 예수는 그가 나사로를 살려서 메시아라고 제자들을 확신시키기 위한 단순한 한 가지 목적으로 지체했을까? 그는 무덤 너머에서 나사로를 볼 수 있었을까? 나사로를 살릴 것을 이미 암시한 바와 같이 알고 있었다면, 왜 그는 마리아가 울기 시작할 때까지 기다렸을까? 베다니로 향하기 전에 더 많은 사람이 길 위 언덕에 있었고, 새롭게 맺은 관계들이 있었고, 하나님을 더 전해야 했을 것이다. "모든 것이 잘 될 것이고, 모든 일이 하나님의 방식대로 잘 이루어질 것이다."라고 말한 노르위치처럼 예수는 그 자신의 시간에 따라 일했다.

현실적이고 솔직하고 사과할 줄 모르는 마르다는 굳게 서서, 나사로가 죽은 이후 그녀의 마음에 의심없이 자리 잡았던 생각들을 꿋꿋하게 말했다. "주여, 주가 여기에 계셨다면 나사로는 죽지 않았을 것입니다." 그러한 말은 예수만큼이나 마르다에 대해 많은 것을 말해준다. 자신감 있고 현실적인 그녀는 거부감이나 위축감없이 자신의 가장 깊은 자아를 함께 나누었던 예수를 향해 그녀의 생각을 솔직히 말한다. 최소한 이 세상을 창조하신 창조주를 향해 그 마음이 온전히 열려있지 않다면 온전한 치유가 이루어지지 않는다.

예수를 향한 그녀의 추진력 때문에, 마르다는 성경에서 초기 교회의 "반석"에 대한 베드로와의 대화에 필적하는 그의 정체성에 대해 핵심적인 대화를 나누게 된다. 예수는 마르다에게 "나는 부활이요 생명이다."라고 말했다. 마르다는 "네, 주여! 주는 세상에 오실 그리스도이시며 하나님의 아들이심을 제가 믿습니다."라는 절정의 대화로 대답한다. (요한복음 11:27)

예수와 그의 제자들이 계속 왔다면 친절한 마르다는 그들을 아주 편안하게 대접했을 것이다. 틀림없이 그녀는 신선한 허브로 양념한 풍부하고 맛있는 음식을 대접하였을 것이고, 세마포를 깨끗하고 상쾌하게 준비하였을 것이다. 그리고 손님들은 웃으면서 편안한 시간을 가졌을 것이다.

마르다는 여러 세기동안 많은 일로 염려하면서 생색내는 여성으로 언급되어져 왔다. 다른 방문에서 예수는 마리아가 부엌에서 마르다를 도와주지 않는다고 불평했을 때, 그녀의 동생이 "더 좋은 것을 선택했다"고 동생인 마리아를 칭찬했다. 그러나 마르다가 열심히 일하면서 손님들을 잘 대접하지 않았다면, 작은 마을인 베다니로 즐겁게 오지는 않았을 것이다. 그녀는 그녀의 재능, 인격과 예수와의 극적인 관계에 대해서 우리 시대에도 인정받을 가치가 있다.

에스겔서 37장에 바빌로니아에 포로로 잡혀있었던 유대인들에 대해 영적이고 육체적인 관계를 상징화한 마른 뼈의 골짜기에 하나님의 생명의 숨결을 불어넣은 유명한 장면이 있다: ... "덜거덕거리는 소리가 나고 뼈들이 함께 모이더니, 두 발로 일어서서는 엄청나게 큰 군대가 되었다." 햇빛 아래로 비틀거리며 걸어와서, 진짜로 마른 뼈라는, 죽음에서 다시 살아난 나사로를 잠시 상상해보라.

마르다가 선교사가 되어서, 프랑스까지 가서 예수를 전함과 동시에 그의 민족을 보호하기 위해서 성수로 용을 길들이는 행동을 했다는 고대의 전설이 있다. 몰트만 웬덴이 말한바와 같이, "중세시대에 그녀는 악의 상징인 용을 족쇄채운 자랑스러운 가정주부로 종종 그림에서 묘사"되고는 했다.[21] 성실함, 강함과 예수가 나사로를 죽음에서 살리신 후 보여준 그녀의 바위와 같이 견고한 믿음의 확신에 비추어 볼 때, 마르다보다 전도에 관해 신약성경에 적합한 인물은 없을 것이다.

베다니의 마르다 이야기: 요한복음 11:1-44 (누가복음 10:38-42)

베다니의 마리아

그 당시 사람들은 주로 걸어다녔다. 손님들은 보통 먼지투성이 더러운 발로 도착했기 때문에 손님의 발을 씻어주는 것이 주인이 피곤한 여행자를 환영하는 일반적인 관습이었다. 사울과 다윗이 충성의 표시로 향유를 발랐고, 장례를 치르기 전에 준비의 일부로 향유를 준비했기 때문에, 향유를 바르는 행위는 하나의 상징적인 의미를 지녔다. 그녀는 세 가지 목적을 달성했다. 그녀는 예수를 환영했고, 그가 왕의 신분이라는 것을 알았고, 죽음에 대한 준비 절차를 밟기 시작하는 목적을 달성한 것이다.

마리아와 예수는 영혼의 차원에서 만났다. 만약 그가 향유로 씻음을 받지 않았다면 어떠했을까? 십자가를 향한 그의 발걸음을 같았겠지만, 마리아의 행동을 통해서 그의 마음에 보다 큰 용기를 가지게 되었고, 그의 영혼은 보다 평화롭게 되었다. 이전 방문에서, 마리아가 예수의 발 아래서 그의 말씀을 듣느라고 저녁식사 준비를 도와주지 않아서, 그녀의 언니 마르다를 안절부절 못하게 했었다. 보다 최근에 예수는 마리아와 함께 슬픔을 나눈 후에 그의 남자형제 나사로를 살렸다. 그녀의 특별한 은사에 비추어 볼 때, 마리아는 영적으로 예수에게 다가가서 만났다고 할 수 있다.

마리아는 그녀의 머리카락으로 예수의 발을 닦았던, 향기가 아름답고 진했던 향유라는 값비싼 선물을 예수를 위해 준비했었다.

칼라스는 마리아라는 인물과 분리해서 향유에 대해 말할 수 없다고 한다. "마리아는 이 순간 완전히 그녀 자체였다. 그녀는 화려한 성격을 가지고 있었고, 그녀의 방식으로 이 화려한 성격을 표현했다."[22)]

마리아의 행위는 분명히 감각적이다. 요한은 강한 향기가 나는 소중한 향유를 "온 집안을 가득 채우는 향수의 향"이라고 묘사하고 있다. 그녀의 머리카락으로 예수의 발을 닦는 것은 분명히 여성적인 행동이었고, 네 개의 복음에서 쓰고 있듯이 그 장면을 본 사람에게는 강한 인상을 남겼을 것이다. 발을 닦는 행위는 보통 그 집안의 가장인 남자들이 했었고, 저녁 식사와 대화 후가 아니라 집에 도착했을 때 했었다. 제자들은 값비싼 나드 향유에 당황했고 가난한 사람에게 그 돈을 주는 것이 나았다고 화를 냈다. 그들은 마리아의 행동 자체에 불편함을 느껴서 화가 났을 수도 있다.

제자들이 화내는 반응은 4복음서 전체에 일관되게 나타난다. 한 병의 나드 향유 가격이 1년 치 월급에 상응(최저 임금이 현대 돈의 가치로 만불 또는 천만원 이상이라는 의미)한다는 점을 생각해서 유다가 그렇게 화를 내었다. 예수는 마리아를 구하기 위해서, 제자들에게 그를 영예롭게 할 것을 부탁하고 그의 마지막 날들을 마리아가 준비한다고 이해시켰다. 역설적으로 이 사건 직후 유다는 떠났고 은 30을 받고 예수를 팔아넘겼다.

향유로 예수의 발을 닦는 여자의 이야기는 모든 복음에 있지만, 오직 요한만이 베다니의 마리아라는 이름을 밝혔다.

베다니의 마리아에 관련된 성경 말씀: 요한복음 12:1-8 (누가복음 10:38-42)

막달라 마리아

다양한 저자들, 예술가들 신학자들을 포함해서 교회에서 많은 사람들이 예수를 만나기 전에 막달라 마리아를 매춘녀로 묘사했다. 다빈치 코드와 같은 최근의 유명한 책과 영화에서 그녀가 예수의 아이들을 임신했었다고 얘기되기도 한다. 복음서에는 이러한 주장을 증명할 근거를 찾아볼 수 없다. 그보다는 예수가 일곱 귀신을 쫓아내었다는 사실이 기록되어 있다. 성경을 쓸 당시에는 귀신이 사람의 몸에 살면서 행동과 말을 조종한다고 생각했다. 현대에는 그녀가 정신적인 질병을 앓고 있었다고 이해할 수 있을 것이다.

그녀의 얘기를 이해하는데 필수적인 부분과 네 복음에서의 표현은 이러하다: 막달라 마리아는 예수에 의해 인생에서 극적인 치유를 받았기 때문에, 예수를 깊이 사랑하는 대담하고 표현력있는 여성이었다. 스펜스는 "마리아는 마치 바로 윗층에 있는 제자들처럼 단순한 제자나 하인보다도 더 극적인 시간에 등장하였다."[23] 그녀는 부활하신 예수를 처음 보았고, 부활하신 예수에 의해 처음 그 이름이 불리웠고, 부활을 선언한 첫 사람이었다. 막달라(그녀가 막달라 지방에서 왔기 때문에 얻게 된 이름)는 하나님의 가장 위대한 이야기의 중심에 자리잡고 있으며, 그녀가 여성이라는 이유나 그녀의 과거 때문에 덜 중요하게 다루어지지 않았다.

예수는 그의 죽음 이후에 막달라 마리아가 찾아오리라는 것을 알고 있었을까? 사흘이라는 죽음의 시간 동안 그는 마리아와 다른 사람들을 그리워했을까? 그는 죽음의 시간 동안 무엇을 보았는지에 대해 제자들에게 얘기하기 위해서 그녀와 만났을까? 그는 무엇을 보았을까? 그가 사탄의 품에 있던 영혼들을 풀어주었다는 얘기도 전설로 내려온다. 하지만 이것은 확실하게 말할 수 있다. 예수는 부활한 이후 변화되었다. 마리아에게는 유감스럽지만 그는 그녀나 가장 친했던 친구들과도 지체할 수 없었다.

마리아와 다른 여인들이 예수의 무덤으로 왜 갔을까? 각 복음서마다 세부적인 얘기는 다르다. 요한이 다시 만든 얘기에서는 죽음 이후 사랑하는 사람의 무덤에 가보는 것이 관습이었다고 한다. 누가복음서에는 안식일 저녁과 안식일에 금지되어 있었지만, 그들은 몸에 향유를 바르기 위해서 갔다고 한다. 그러나 이것은 확실하다: 그들은 예수를 너무나 깊이 사랑했고, 그들을 기다리고 있던 기쁜 소식도 모른 채 예수의 몸이 있는 곳으로 가서 그와 되도록 가까이 있으려고 했다.

막달라 마리아에 관련된 성경 말씀: 요한복음 20:1-18, 누가복음 8:1-3

에필로그

이 책을 쓰고 이 책에 대해 얘기를 나눌 때 친구들을 가끔씩 날카로운 질문을 하였다. 왜 수 세기 동안 여성들은 부당한 대우를 받아왔을까? 유대인과 그리스도인을 살리기 위해 죽었던 사람들에게 무슨 일이 일어났던 것일까?

이 질문은 주홍색 줄과 함께 시작한다. 라합은 그녀의 창문에서 줄을 내렸고 그래서 그녀의 가족들은 살 수 있었다. 그러나 그 행동은 믿음에서 기인한 것이었다. 라합은 위대한 하나님을 믿었고, 하나님은 그의 백성을 보호했고, 하나님은 그녀가 살고 있었던 어둠의 세계에 빛을 줄 수 있었다.

줄은 밧줄의 일부분인 것만은 아니었다. 오히려 더 나은 삶에 대한 연결고리였고, 믿음과 신뢰와 미래에 대한 고백이었다. 줄을 내려서 라합은 하나님의 백성이 약속된 땅으로 들어설 수 있도록 도와 주었다.

여리고의 주민들, 소떼, 유대인에 의해 죽음을 당한 사람들은 어떠했는가? 바락과 드보라와의 전쟁 이후 전쟁터에서 죽은 가나안 사람들은 어떠했는가? 예수가 이집트로 피하고 난 후 파라오에 의해 죽임을 당했던 죄없는 어린아이들은 어떠했는가?

밧줄을 내리는 행위는 라합에 의한 치유의 초대였다. 그녀가 그렇게 했을 때, 하나님은 들으셨고, 그렇게 행하셨다. 하나님과 여인들 사이의 그러한 관계와 이 책에 있는 다른 얘기들을 통해서, 하나님은 우리에게 희망을 보여 주셨다. 우리가 암을 앓거나 사랑하는 사람을 잃거나 굶주릴 때, 하나님은 우리와 함께 하신다. 주홍 밧줄을 던지고 치유를 구하거나, 구원을 구하거나, 화해를 구하는 것은 모두 우리에게 달려있다.

이 얘기는 우리에게 희망을 주고, 죽음 이후까지 하나님의 치유하심을 알지 못하는 사람을 일으켜 세우기 위한 목적을 가지고 있다.

그래서 여기에 라합과 성경 속에서 잊혀진 여인들의 이야기가 있다. 이 글은 또한 케냐에서 강간당하고 살해당한 후 버려진 여인들의 이야기이기도 하다. 당신을 위해서 희망의 증거로 이 책을 썼고, 당신이 결코 잊지 못하는 표식, 당신을 보호하고 포용하기 위해서 계신 하나님, 당신의 희망과 삶의 선택이 당신이 떠난 이후에도 의미 있음을 나타내고, 당신의 삶이 완전하고 성스러운 차이를 만들 것이라는 증거로 이 책을 쓰게 되었다.

✢ ✢

주석노트

1. 성경의 연대기적 자료로서 로빈슨(Thomas Robinson)이 쓴 *The Bible TImeline* (Barnes and Noble, 2000)을 참조하였다.
2. Theory (partial) attibuted to Francine Rivers, *Unashamed: Rahab, The Lineage of Grace Series,* (Carol Stream, Illinois: Tyndale House Publishers, 2001).
3. Edith Deen, *All the Women of the Bible,* (New York: Harper and Row, 1955) page 65.
4. Tikva Frymer-Kensky, *Reading the Women of the Bible*, (New York, New York: Schocken Books, 2002) page 40.
5. Irene Nowell, *Women in the Old Testament*, (Collegville, Minnesota: The Liturgical Press, 1997) page 62.
6. Miki Raver, *Listen to Her Voice:* Women of the Hebrew Bibles, (San Francisco, California: Chronicle Books, 1998) page 25.
7. Smithonian Magazine, Volume 18, No. 2, May 1987.
8. Irene Nowell, *Women in the Old Testament*, page 14.
9. Irene Nowell, *Women in the Old Testament*, page 16.
10. Joseph Telushkin, *Biblical Literacy: The Most Important People, Places, and Events of the Hebrew Bible,* (New York: William Morrow and Company, New York) page 169.
11. Tikava Frymer-Kensky, *Reading the Women of the Bible,* page 53.
12. Irene Norwell, *Women in the Old Testament,* page 269.
13. Richard Bauckham, *Gospel Women: Studies of the Named Women in the Gospels,* (Grand Rapids, Michigan/ Cambridge: William B. Eerdmans Publishing Company, 2002) page 62-63.

14. Miki River, *Listen to Her Voice: Women of the Hebrew Bible,* page 149.
15. Edith Deen, *All the Women of the Bible*, page 366.
16. Naomi Harris Rosenblatt, *After the Apple: Women in the Bible-Timeless Stories of Love, Lust and Longing,* (New York: Miramax Books, 2005) page 246.
17. William Barclay, *The Gospel of John,* Volume 1, (Philadelphia, Pennsylvania: Westminster Press, 1975) page 151.
18. J. Ellsworth Kalas, *Strong was her Faith: Women of the New Testament,* (Nashville, Tennessee: Abingdon Press, 2007) page 54.
19. J. Ellsworth Kalas, *Strong was her Faith,* page 55.
20. Rose Sallberg Kam, Their Stories, Our Stories: Women of the Bible, (New York, New York: Continuum International Publishing Groups, 1995) page 214.
21. Elisabeth Moltmann-Wendel, *The Women Around Jesus,* (NY, New York: The Crossroad Publishing Company, 1982) page 27.
22. J. Ellsworth Kalas, *Strong was her Faith: Women of the New Testament,* page 38.
23. F. Scott Spencer, *Dancing Girls, Loose Ladies, and Woman of the Cloth,* (New York, New York: The Continuum Publishing Group, 2004) page 98.

출처 및 참고 문헌

Barclay, William, *The Gospel of John*, Volume I, Philadelphia, Pennsylvania: The Westminster Press, 1975.

Bauckham, Richard, *Gospel Women: Studies of the Named Women in the Gospels*, Grand Rapids, Michigan: William B. Eerdmans Publishing Company, 2002.

Bellis, Alice Ogden, *Helpmates, Harlots, Heroes, Women's Stories in the Hebrew Bible*, Louisville, Kentucky: Westminster/John Knox Press, 1994.

Brueggemann, Walter, *The Land: Place as Gift, Promise and Challenge in Biblical Faith*, Minneapolis, Minnesota: Fortress Press, Minneapolis, 2002.

Chiffolo, Anthony F., and Hesse, Rayner, W., Jr., *Cooking with the Bible: Biblical Food, Feasts, and Lore*, Greenwood Press, Westport, Connecticut, 2006.

Chittister, Joan, *The Friendship of Women, The Hidden Tradition of the Bible*, NY, New York: Bluebridge, 2006.

Davis, Ellen F., *Who Are You, My Daughter? Reading Ruth Through Image and Text*, Louisville: Westminster John Knox Press, 2003.

Deen, Edith, *All of the Women of the Bible*, San Francisco: Harper and Row, 1955.

Essex, Barbara J., *More Bad Girls of the Bible*, Cleveland, Ohio: The Pilgrim Press, 2009.

Frymer-Kensky, Tikva, *Reading the Women of the Bible: A New Interpretation of their Stories*, New York, NY: Schocken Books, 2002.

Getty-Sullivan, Mary Ann, *Women in the New Testament*, Collegeville, Minnesota: The Liturgical Press, 2001.

Higgs, Liz Curtis, *Bad Girls of the Bible and What We Can Learn From Them*, Colorado Springs, Colorado: WaterBrook Press, 1999.

Kalas, J. Ellsworth, *Strong was her Faith: Women of the New Testament*, Nashville, Tennessee: Abingdon Press, 2007.

Kam, Rose Sallberg, *Their Stories, Our Stories*, New York, NY: Continuum, New York, 1995.

Klein, Lillian R., *From Deborah to Esther, Sexual Politics in the Hebrew Bible*, Minneapolis, Minnesota: Fortress Press, 2003.

Nowell, Irene, *Women in the Old Testament*, Collegeville, Minnesota: The Liturgical Press, 1997.

Metzger, Bruce M., and Coogan, Michael D., *The Oxford Guide to People and Places of the Bible*, New York, NY: Oxford University Press, 2001.

McKenna, Megan, *Leave Her Alone*, New York, NY: Orbis Books, 2000.

Mirkin, Marsha, *The Women Who Danced by the Sea: Finding Ourselves in the Stories of our Biblical Foremothers*, Rhinebeck, New York: Monkfish Book Publishing Company, 2004.

Ochs, Vanessa L., *Sarah Laughed, Modern Lessons from the Wisdom and Stories of Biblical Women*, McGraw-Hill, 2004.

Odelain, O. and Seguineau, R., *Dictionary of Proper Names and Places in the Bible*, Garden City, New York: Doubleday and Company, 1981.

Moltmann-Wendel, Elisabeth, *The Women Around Jesus*, NY, New York: The Crossroad Publishing Company, 1982.

Raver, Miki, *Women of the Hebrew Bible*, San Francisco, California: Chronicle Books, 1998.

Rosenblatt, Naomi Harris, *After the Apple: Women in the Bible – Timeless Stories of Love, Lust, and Longing*, New York, NY: Miramax Books, 2005.

Ritley, M.R., *God of Our Mothers: Face to Face with the Powerful Women of the Old Testament*, Harrisburg, Pennsylvania: Morehouse Publishing, 2006.

Spencer, F. Scott, *Dancing Girls, Loose Ladies, and Women of the Cloth*, New York, New York: The Continuum Publishing Group, 2004.

Spina, Frank Anthony, *The Faith of the Outsider, Exclusion and Inclusion in the Biblical Story*, Grand Rapids, Michigan, William B. Eerdmans Publishing Company, 2005.

Soelle, Dorothee and Kirchberger, Joe H., *Great Women of the Bible in Art and Literature*, Minneapolis, Minnesota: Fortress Press, 2006.

Telushkin, Joseph, *Biblical Literacy: The Most Important People, Events and Ideas of the Hebrew Bible*, New York, NY: William Morrow and Company, 1997.

✢✢
감사의 글

이 책을 쓰기 위해 연구하고 글을 쓰고 실제로 책이 출판되기까지 약 5년이 걸렸습니다. 그리고 이 책이 완성되기까지 많은 분들이 도움과 격려를 아끼지 않고 베풀어 주셨습니다.

이 책이 완성되는데 특별히 많은 도움을 받은 저자들과 책은 다음과 같습니다. 에디쓰 딘의 '성경 속의 여인들'(프랜신 리버스 출간)시리즈 중 라합, 다말, 룻, 밧세바, 메리, 나오미 이야기, 그리고 해리스 로젠블랏의 작품인 '선악과 이후: 성경속의 여인들- 사랑, 욕망, 기원' 그리고 미키 레이버의 '여인의 목소리: 유대교 성경속의 여인들' 그리고 리즈 커티스 힉스의 작품인 '성경속에 나오는 나쁜 여자들'입니다.

이 외에도 여러 가지로 격려와 응원을 아끼지 않고 해 주신 많은 동료들에게도 감사의 인사를 전합니다. 노엘 베일리 목사, 캐롤 반웰, 사라 바르텐슈타인, 바바라 브레이버, 신디 힐가, 마크 더피, 그리고 로저 에젤 목사와 록샌 에젤, 바바라 포스터, 카렌 그린필드, 파멜라 그로스만, 제임스 젤리넥 목사, 도날드 크러스, 셰릴 쿠자와 홀브룩 목사, 로렌 미드 목사, 루이스 쉐딩 목사, 리차드 웨인 슈와브 목사, 페기 터틀 목사, 캐논 진 파커 베일 목사, 그리고 조지아 위스터입니다. 이 외에도 제가 많은 시간을 보낸 성바오로 루터 신학교 도서관의 사서들과 직원들에게도 감사의 인사를 전합니다.

또한 뛰어난 예술감각을 가진 캐런 캔턴에게도 감사를 표합니다. 그녀의 그림은 참으로 놀랍습니다. 그녀는 시각적으로 이 책에 소개된 여인들을 살아나도록 해주었는데 그녀의 재능과 이 책을 위한 헌신이 없었더라면 이 책의 여인들에 대한 묘사가 일차원적인 것에 머물렀을 것입니다. 그녀는 중세와 현대 미술을 혼합하여 깊고도 흥미로운 인물들을 묘사해 냈고 이것은 이 책의 내용을 보완하며 완성하는데 큰 도움이 되었습니다. 그녀의 남편인

에릭 캔턴도 문학적인 그리고 기술적인 자문을 아끼지 않으며 많은 시간을 투자하며 매우 헌신적으로 도움을 주었습니다.

또한 오 북스 출판사와 책임자인 죤 헌트씨와 크리스타 고얼링 출판사 대표인 크리스타 고얼링씨에게도 깊은 감사를 표합니다. 책을 펴내는 작업은 매우 빠르게 전개되는 모험과도 같은데 이들의 도움과 격려로 때로는 거친 황무지같아 보였던 이 여정을 잘 마칠 수 있었습니다.

마지막으로 지난 20년간 제가 집필을 하는데 동반자가 되어준 제 남편 레오나드 프리만목사에게 깊은 감사와 애정을 표합니다. 남편의 도움과 재치 그리고 상상력이 없었더라면 이 책은 훨씬 더 보잘것없는 작품이 되었을 것입니다. 그의 도움으로 이 책에 나온 여인들이 생생하게 살아나고 분별력이 있으며 생기차고 열정적인 그리고 생동감 넘치는 사람들로, 하나님이 우리를 만드신 바로 그 모습으로, 재탄생될 수 있었습니다.

린지 하딩 프리만

감사의 글

먼저 지혜롭고 창의적인 이 책의 저자 린지 하딩 프리만 목사님께 감사를 드립니다. 나와 나의 예술 세계를 인정해 주신 것에 감사를 드립니다. 그리고 나의 작품에 대해 통찰력 있는 조언을 아끼지 않은 나의 딸 그레타와 늘 새 힘을 불어 넣어주는 작은 딸 애나에게 그리고 작업을 하는 동안 늘 옆에서 나를 지켜준 충견 에밀리에게도 고마움을 전합니다.

캐런 캔턴

역자 소개

- **백지숙 박사**는 서울에서 태어난 후 연세대학교 문과대학 영문학사를 취득하였고, 미국 일리노이 주립대학에서 교육학 석사 및 박사를 받았다. 2007년부터 2012년까지 숭실대학교 베어드학부대학 교수로 재직하였으며 현재 미국 워싱턴 DC에 위치한 American University 대학의 World Languages and Cultures 학과에 재직중이다.

- **윤진숙 교수**는 경남 고성에서 태어난 후 연세대학교 법과대학 법학과, 대학원 석사, 박사 학위를 취득하였고 미국 워싱턴대학에서 법학박사를 받았다. 2006년부터 숭실대학교 법과대학 법학과 교수로 재직하고 있고 현재 부학장으로 재임하고 있다.

역자와의
협의하에
인지생략

주홍코드 -성경 속 여인들과 나눈 대화-

2014년 1월 15일 1판 1쇄 인쇄
2014년 1월 25일 1판 1쇄 발행

저 자 린지 하딩 프리만
역 자 백지숙·윤진숙
발행인 김광식
조 판 아람기획

121-856
발행처 서울특별시 마포구 토정로 222 B동 208호
도서출판 탑북스
등 록 2009.12.21 제 2013-000101 호
전 화 02)365-2223 팩스 02)365-2224

정가 15,000 원

ISBN 978-89-97519-67-5-93230